C. S. Lewis

C. S. Lewis

der Mann, der Narnia schuf

Eine Biographie

Michael Coren

R. BROCKHAUS VERLAG WUPPERTAL

Die kanadische Originalausgabe erschien unter dem Titel:
„The man who created Narnia: the story of C.S. Lewis“
Published by Lester Publishing Limited
56 The Esplanade
Toronto, Ontario
Canada M5E 1A7

Aus dem Englischen von Barbara Trebing

Umschlag: Dietmar Reichert, Dormagen
Umschlagillustration: Pauline Baynes
Autorenfoto: Bernadette Barber
Satz: OLD-Satz digital, Neckarsteinach
Druck: Clausen und Bosse, Leck
ISBN 3-417-24675-X
Bestell-Nr. 224 675

Bernadette, Daniel, Lucy und Oliver gewidmet, wie immer

Dank

Ich muss mit einer Entschuldigung beginnen. Die Aufzählung der hier genannten Personen ist kurz, und sicher habe ich einige vergessen. Das tut mir Leid. Nicht vergessen habe ich Malcolm Lester, Kathy Lowinger und Janice Weaver von Lester Publishing. Ihnen möchte ich für ihre Hilfe und Ermutigung danken, ebenso meiner Agentin Lucinda Vardey für ihre Beratung, für die Freundschaft und den Tee; und allen anderen Freunden. Wer sie kennt, weiß, wen ich meine. Der größte Dank aber gilt meiner Frau Bernadette, die nie an mir gezweifelt hat.

Viele der Fotos konnten mit der freundlichen Genehmigung des Marion E. Wade Center beim Wheaton College in Illinois hier veröffentlicht werden. Weitere Quellenangaben finden sich am Schluss des Buches. Die Erlaubnis zum Abdruck bereits veröffentlichter Lewis-Zitate erhielt ich von HarperCollins Publishers; für die noch nicht veröffentlichten Worte kam sie über die Literaturagentur Curtis Brown von den Verwaltern des Lewis-Nachlasses. Ihnen allen möchte ich an dieser Stelle herzlich danken.

Inhalt

KAPITEL 1

Der Anfang

Ich bin ein Produkt von langen Fluren, leeren, sonnendurchfluteten Zimmern, der Stille in den oberen Räumen, den Dachbodenzimmern, die ich in Einsamkeit erforschte, des fernen Gurgelns der Wasserbehälter und Rohre und dem Geräusch des Windes unter den Dachziegeln. Und ebenso ein Produkt unendlich vieler Bücher.

ÜBERRASCHT VON FREUDE

Clive Staples Lewis war es am liebsten, wenn er einfach Jack genannt wurde. „Plain Jack Lewis“, der einfache Jack Lewis, so war er bei seinen Freunden bekannt, jenen Männern, die wie er an den renommierten Universitäten Englands, in Oxford und Cambridge, unterrichteten. Manche sagen, mit seinem leicht geröteten Gesicht und den groben Zügen habe er wie ein ganz normaler Arbeiter oder sogar wie ein Förster ausgesehen. Seine Sprache allerdings verriet, dass man es hier nicht mit einem Waldarbeiter zu tun hatte, sondern vielmehr mit dem Verfasser überaus beliebter Kindergeschichten und dem bekanntesten Autor seiner Zeit über das Christentum.

Meist sah man ihn bei einem seiner langen Spaziergänge, in einem Tweedjackett, in der Hand einen dicken, stabilen Spazierstock. Er rauchte eine schwere Bruyèrepfeife, manchmal las er beim Gehen eine Zeitung oder ein Buch. Und wenn er nicht las, dann unterhielt er sich, vielleicht mit einem seiner engen Freunde wie zum Beispiel J.R.R. Tolkien, dem Verfasser des *Hobbit* und des *Herr der Ringe*, oder Charles Williams, dem Autor von Fantasyliteratur. Auf diesen Spaziergängen dachte er sich neue Geschich-

C.S. Lewis vor einer englischen Dorfkirche, 1938.

ten aus und erfand die Schauplätze. So war es auch an einem Tag Ende 1939. Es hatte geschneit. Der frische weiße Teppich, der sich über Oxford gebreitet hatte, ließ die Stadt seltsam still erscheinen und verlieh ihr eine beinahe übernatürliche Atmosphäre. Auch heute war C.S. Lewis wieder unterwegs. Seit Jahren schon trug er verschiedene Bilder mit sich herum, Bilder voller Zauber, voller Geheimnis und Abenteuer. Nun war es an der Zeit, ihnen Gestalt zu geben, ein Buch daraus zu machen. Vor seinen Augen sah er ein neues Land, er sah die Personen und die Geschichte. Das Land hieß Narnia, die Personen waren Lucy, Peter, Edmund und Susan, die Geschichte hieß *The Lion, the Witch and the Wardrobe* (dt. *Der König von Narnia*). Das Buch erschien 1950 und hat die Welt der Kinderliteratur grundlegend verändert. Dies ist die Geschichte seines Verfassers, des einfachen Jack Lewis.

★ ★ ★

Wenn wir heute das Wort Nordirland hören, dann in der Regel, weil wieder irgendwo eine Bombe explodiert ist oder ein Soldat erschossen wurde. Die Unruhen in Irland hatten schon vor langer Zeit begonnen, doch als Lewis am 29. November 1898 als zweiter Sohn von Albert und Flora Lewis in Belfast, der Hauptstadt Nordirlands, das Licht der Welt erblickte, war es dort verhältnismäßig ruhig. Lewis' Eltern waren Protestanten und gehörten damit jener Bevölkerungsgrup-

Reihenhäuser, wie sie in der Umgebung der Falls Road in Belfast, einer Hochburg der Katholiken, zu finden sind. Die Gegend wurde in den letzten Jahren oft zum Ziel von Heckenschützen.

Lewis war ein sehr fröhliches und glückliches Kind, das gern lachte.

Der Vater Albert Lewis. Lewis schrieb später mit Blick auf seinen Helden George MacDonald und seinen Vater: „Das Wesen des Universums muss das eines Vaters sein.“

Flora Lewis, die geliebte Mutter, in einer Aufnahme aus dem Jahre 1895. Ihr Tod veränderte Lewis' Leben von Grund auf, über den Verlust kam er nie völlig hinweg.

pe an, die in Nordirland die Mehrheit bildete. Albert Lewis war walisischer Abstammung, ein Rechtsanwalt, der oft von dumpfen, dunklen Stimmungen heimgesucht wurde; Flora war die Tochter eines Geistlichen. Sie war eine warmherzige Frau und liebevolle Mutter und las gern lange, ernste Romane von Tolstoi oder den russischen Romantikern. Lewis beschrieb seine Kindheit später als eine Zeit „alltäglichen, prosaischen Glücks". Besonders dankbar war er für die Freundschaft mit seinem älteren Bruder Warren Hamilton, der von allen nur Warnie genannt wurde. Dieser war drei Jahre alt, als Lewis geboren wurde. Als Erwachsener schrieb er über die Geburt seines Bruders: „Von seiner Ankunft weiß ich nichts mehr … nur schrittweise trat er mir als lautstarker Beeinträchtiger meines häuslichen Friedens ins Bewusstsein."

Little Lea, das Haus, in dem Lewis seine Kindheit verbrachte. Hier erforschte er mit seinem Bruder den Dachboden, „jenes geheimnisvolle dunkle Loch im oberen Stock".

Das Verhältnis besserte sich jedoch im Laufe der Zeit, und die beiden Männer sollten noch einen großen Teil ihres Lebens gemeinsam verbringen. Als Kinder waren sie bald die dicksten Freunde, ja Verbündete. Gemeinsam dachten sie sich die unterschiedlichsten Spiele aus. Im Mittelpunkt stand oft das eigenartige Haus von Lewis' Eltern mit den verwinkelten Giebeln und Mansarden, den tunnelartigen Gängen und dem großen, grünen Garten. Am wichtigsten aber war die Bibliothek, die förmlich überquoll von gewaltigen und ungeheuer interessanten Büchern. Ja, eigentlich war das ganze Haus voller Bücher. Wo nur ein wenig Platz war, standen und lagen sie herum, in Abstellräumen, auf dem Treppenabsatz, überall. Lewis durfte alles lesen, was er wollte. Er wurde dabei von seiner Mutter ermutigt, die der intellektuelle Kopf der Familie war. Seine Lieblingslektüre waren die *Schatzinsel* von Robert Louis Stevenson und *Eichhörnchen Nutkin* von Beatrix Potter, Bücher, in denen es nicht so sehr um die Abenteuer selbst ging als um die Beschreibung und Darstellung anderer Welten und die ganz bestimmte Gefühle heraufbeschworen, anstatt nur eine Handlung nachzuerzählen.

Es gab auch Haustiere – einen Yorkshireterrier namens Tim, eine Maus mit Namen Tommy und den Kanarienvogel Peter. Gern spielte Lewis mit dem Hund Fangen. Er rannte durch das ganze Haus, den kleinen bellenden Hund immer dicht auf den Fersen. Er redete auch mit all seinen Tieren und erzählte ihnen Geschichten aus dem Reich der Tiere, die er sich beim Erzählen einfallen ließ.

Und es gab Abenteuer. Belfast war eine bedeutende Hafenstadt, in der viele der großen Schiffe, die zwischen Nordamerika und Europa verkehrten, anlegten. Oft radelte Lewis mit seinem Bruder zum Hafen und sah den großen Kähnen hinterher, wie sie sich anschickten, den Ozean zu überqueren, und die Jungen malten sich aus, welche Möglichkeiten sich dort hinter dem Horizont wohl verbergen mochten.

Die Hügel um Belfast. Bis zu seinem Lebensende blieb Lewis der Heimat seiner Kindertage verbunden.

Belfast selbst liegt inmitten einer üppigen Landschaft, umgeben von Hügeln und grünen Feldern, und unterscheidet sich kaum von anderen Städten in Großbritannien. Längst nicht so groß wie London, Manchester oder Glasgow, ist es noch heute eher eng und konservativ und war es in Lewis' Tagen sicher noch mehr. Im Übrigen ist Belfast in erster Linie Industriestadt und wird von rußigen Docks und lärmigen, übel riechenden Werften beherrscht. Obwohl dies sein Zuhause war, fühlte Lewis sich in dieser Stadt immer ein wenig eingesperrt.

Auch das schlechte, regnerische Wetter hatte einen Einfluss auf Lewis' Entwicklung. Warnie erinnerte sich später daran, wie sie „aus dem Fenster des Kinderzimmers hinaussahen in den Regen, der schräg hinunterfiel, und den grauen Himmel, und dort, vielleicht eine Meile hinter den durchnässten Weiden, konnten wir ganz schwach die Konturen der Castlereagh Hills erkennen – die Grenze unserer Welt, ein fernes Land, seltsam und unerreichbar

Blick auf Belfast vom Hafenviertel aus. Lewis mochte die Atmosphäre von Abenteuer und Reisen, die von den Werften ausging. Trotzdem hatte er in seiner konservativen Heimatstadt auch immer das Gefühl, eingesperrt zu sein.

… Und dort, unter äußeren Bedingungen, die trüb und deprimierend hätten sein können, begann sich die Begabung meines Bruders zu entwickeln. Es ist sicher nicht nur ein Auswuchs der Phantasie, wenn man in jenem Blick des Kindes auf die unerreichbaren Hügel einen ersten Anfang einer Vision und einer Haltung zu erkennen meint, die sein ganzes reifes Werk durchzieht."

Es gab allerdings auch traurige Ereignisse in Lewis' frühen Jahren. Sein Vater war sehr jähzornig und konnte aus dem kleinsten Anlass einen Tobsuchtsanfall bekommen. Seine Söhne erkannten zwar bald, dass ihnen daher keine Gefahr drohte, sie verloren jedoch den Respekt und entwickelten nie eine besonders enge Beziehung zu ihrem Vater. Außerdem waren Lewis und sein Bruder oft allein. Das größte Leid jedoch traf sie 1908. Anfang des Jahres hatte man bei ihrer Mutter Magenkrebs festgestellt, und obwohl sie sich nach einer ersten Operation vorübergehend erholte, begann sich ihr Zustand schon bald wieder zu verschlechtern. Lewis erinnerte sich, wie er „vor Kopfschmerzen und Zahnweh weinte, und auch deswegen, weil meine Mutter nicht zu mir kam. Das lag daran, dass auch sie krank war … Und dann kam mein Vater in Tränen in mein Zimmer und versuchte, meinem verstörten Geist Dinge begreiflich zu machen, die mir noch nie in den Sinn gekommen waren.“ An einem Tag im August, kurz vor dem Morgengrauen, starb Flora Lewis in Belfast. Lewis hatte seiner Mutter sehr nahe gestanden,

Lewis (links, sitzend) mit seinem Bruder und Schulfreunden anlässlich einer Theateraufführung. Er hatte von Kindheit an eine romantische Ader und liebte Märchen und phantastische Geschichten. Sie halfen ihm, den Schmerzen seiner Kindheit zu entfliehen.

und ihr Tod erschütterte ihn, wie zu erwarten, sehr. Er war noch keine zehn Jahre alt, ein empfindsamer, verletzlicher kleiner Junge. Doch seine Tränen waren kaum getrocknet, da wurde er übers Wasser davongeschickt – nach England ins Internat, das strenge und abschreckende Wynyard House.

Lewis hasste diese Schule und beschrieb den Ort später als „Konzentrationslager". Er hatte eine Abneigung gegen den zornigen, schwierigen Schulleiter, Reverend Robert Capron, ja, er fürchtete ihn geradezu und sehnte sich ständig nach Belfast zurück. In Wynyard House wurde oft der Stock gebraucht, es herrschte ein strenges Regiment von Regeln und Verordnungen und es gab nur wenig Wärme oder Mitgefühl. Obwohl Lewis nicht öfter bestraft wurde als andere Schüler, hatte er als besonders empfindsames Kind größere Angst davor als seine Klassenkameraden. Als Erwachsener erinnerte er sich daran, wie einmal ein anderer Junge ein Buch oben auf die Türkante gelegt hatte. Als der Lehrer hereinkam, fiel ihm das Buch auf den Kopf. Leider war Lewis der Einzige, der darüber rot wurde, so dass der Lehrer in ihm den Schuldigen vermutete und Lewis den Stock zu spüren bekam.

Er vermisste seine Familie, das Haus und das freie Leben in Nordirland. Er war einsam und verängstigt. Doch etwas Positives geschah an dieser schrecklichen Schule, was sein ganzes Leben verändern sollte – er begann sich mit dem christlichen Glauben zu befassen. Lewis' Vater war in gewissem Sinne durchaus religiös, und sowohl in der Familie seiner Mutter wie in der seines Vaters gab es praktizierende Christen. Doch nun begann er zum ersten Mal selbst in der Bibel zu lesen, zu beten und sich über seinen eigenen Glauben Gedanken zu machen.

Der Glaube, dem sich Lewis zuwandte, ist eine der größten Weltreligionen. Sie entstand vor rund 2000 Jahren in dem Land, das wir heute als Israel kennen. Als Christ glaubte Lewis, dass Jesus Christus, ein jüdischer Lehrer,

Gottes Sohn war und von seinem Vater in menschlicher Gestalt auf diese Erde geschickt wurde, um allen Menschen zu zeigen, wie sie leben können, und ihnen den Weg zum Himmel zu offenbaren. Der Himmel ist für die Christen äußerst wichtig, und er war es vor allem auch für Lewis, der sein ganzes Leben lang immer wieder darüber schrieb. Er und die Christen mit ihm glauben, dass der Himmel der Ort ist, an den die guten, gläubigen Menschen kommen, wenn sie sterben. Die Hölle dagegen ist der Bestimmungsort für die Bösen, die Verderbten, für alle jene, die Gott ablehnen. Manche Künstler und Schriftsteller haben die Hölle als einen finsteren, feurigen Raum voller schreiender Wesen dargestellt. Lewis sah in ihr mehr ei-

Vor Little Lea, 1905. Vorne, von links nach rechts: Warnie, Jack, Leonard Lewis (ein Cousin), Eileen Lewis (eine Cousine). Hinten: Agnes Lewis (Tante), zwei Dienstmädchen, Flora (Mutter) und Albert (Vater).

nen Ort, an dem die Liebe und Güte Gottes nie zu spüren ist. Das war für ihn schlimmer als jede körperliche Qual.

Der christliche Glaube kann durchaus vielschichtig und kompliziert sein, im Wesentlichen lässt er sich jedoch auf die Zehn Gebote des Alten Testaments zurückführen, in denen es heißt, wir sollten nicht töten, nicht lügen oder stehlen, sowie auf die Lehren Jesu, dass wir an ihn, Jesus, glauben und Gott und unseren Nächsten lieben sollen wie uns selbst. „Der Glaube kommt ebenso aus dem Herzen wie aus dem Verstand", sagte Lewis. Er meinte, ein Christ müsse nicht die ganze Bibel verstehen, um zu begreifen, was der Glaube an Gott bedeutet.

Jesus wurde wegen seiner Ideen schließlich von den Römern umgebracht, und die Christen glauben, dass er für uns starb, dass sein Tod für Gott ein Opfer war für alle Sünden, die die Menschen im Lauf der Jahrhunderte begangen haben. Dieser Glaube – dass der Sohn Gottes für alle Menschen gestorben ist, auch für den einfachen Jack Lewis – war einer der Kernpunkte von Lewis' Leben. Der andere Aspekt des christlichen Glaubens – dass nämlich Jesus wieder ins Leben zurückkam und eine kurze Zeit mit seinen Nachfolgern zusammen war, bevor er in den Himmel auffuhr – war für Lewis genauso wichtig und wurde in vielen seiner Schriften aufgegriffen. Lewis glaubte, dass Jesus den Menschen tatsächlich noch einmal eine Chance gibt, um den Weg zu Gott und in den Himmel zu finden.

Lewis' Glaube veränderte sein ganzes Leben. Anstelle der vorformulierten, genau festgelegten Gebete der Schulandachten führte er nun seine eigenen Gespräche mit Gott. Er betete für sich allein. Er diskutierte auch mit den anderen Jungen über die Religion, und zwar „auf durchaus gesunde und nützliche Weise", wie er später schreibt. Doch auch wenn der Glaube ihm einen gewissen Trost brachte, Lewis war noch immer schrecklich unglücklich und schrieb an seinen Vater mit der dringenden Bitte, ihn doch von der Schule zu nehmen. Als die Befreiung endlich kam, geschah dies jedoch nicht aufgrund der väterlichen Bemühungen, sondern vielmehr weil es Wynyard nicht mehr gelang, genug Schüler durch seine abschreckenden Tore zu locken. Das Internat musste geschlossen werden und Lewis wurde zurück nach Belfast geschickt. Darüber war er ungeheuer froh.

Jetzt war er wieder sicher und geborgen. Er las mit allergrößtem Eifer Sciencefiction, Romane von Krieg und Frieden und natürlich die geliebte Bibel. Nichts machte ihm mehr Freude, als sich in einem großen Wandschrank oder einem unbenutzten Zimmer mit einem Stapel Büchern und einem Stoß Marmeladenbroten – Erdbeermarmelade war ihm am liebsten – zu verstecken und beim Licht einer Kerze stundenlang zu lesen und zwischendurch immer mal wieder in eines der Brote zu beißen. Bei einer dieser Gelegenheiten schlief er ein und wurde erst mitten in der Nacht gefunden. Als er schließlich aufgestöbert wurde, packte er einfach seine Bücher zusammen und verließ das Zimmer, als wäre nichts geschehen.

Im Juli 1910 wurde Lewis ans Campbell College geschickt, das nur etwa eine Meile von seinem Elternhaus entfernt war. Das war etwas anderes als das dumpfe und bedrückende Wynyard. Während der Woche blieb er im Internat, am Sonntag dagegen durfte er nach Hause. Dann erzählte er seinem Vater von der neuen Freude am Schulleben, von seinem Englischlehrer J.A. McNeill, bei dem sie Matthew Arnolds Gedicht „Sohrab and Rustum" lasen und der es verstand, in dem Elfjährigen die Freude an der Dichtung zu wecken. Im November 1910 allerdings zog er sich eine heftige Erkältung zu und bekam Schmerzen auf der Brust, so dass sein Vater beschloss, ihn von der Schule zu nehmen. Nach seiner Genesung sollte er nun die Cherbourg School in Malvern, einem bekannten Erholungsort, besuchen.

„Malvern ist eine der schönsten englischen Städte, die ich bis jetzt gesehen habe", schrieb er seinem Vater als einen ersten Eindruck. „Die Berge sind wunderbar." Die Stadt ist auch tatsächlich sehr reizvoll, mitten in England

Warren, Albert und Jack Lewis, 1910. Die Aufnahme wirkt recht gestellt.

gelegen. Es gab unzählige heimelige Tea-Shops, Spazierwege und ruhige Straßen. An der Schule waren nur siebzehn Jungen und vier Lehrer, und Lewis konnte die Gedanken und Meinungen dieser Lehrer in sich aufsaugen wie ein frisches, süßes, durstlöschendes Getränk. Sie erzählten von London, seinen Theatern und seiner Gesellschaft, er hörte von Virgil und Homer, und vor allem lernte er hier die nordische Mythologie kennen. Letztere hinterließ in dem Zwölfjährigen ganz besondere Spuren, und als ihn sein Vater dann auch noch in ein Wagnerkonzert mitnahm mit all den Botschaften und Melodien aus der nordischen Welt, war Lewis überzeugt, dass Gott oder die Götter, wenn es sie denn überhaupt gab, hier in den nordischen Mythen und den

Geschichten von der Götterdämmerung zu finden sein mussten. Als Folge davon verlor er nun langsam seinen christlichen Glauben. „Der allgemein akzeptierte Standpunkt schien zu sein", so schrieb er später, „dass Religionen normalerweise nichts als ein Potpourri des Unsinns seien, wobei freilich unsere eigene als glückliche Ausnahme vollkommen wahr sei."

Schon bald aber wurde Lewis erneut krank. Diesmal war es eine schmerzhafte Infektion, die ihn sogar auf die Krankenstation der Schule brachte. Dort legte er auch die Aufnahmeprüfungen für den Besuch des Malvern College ab, die er erfolgreich bestand. Schon damals war es sowohl den Prüfern, seinen Lehrern wie auch seinem Vater klar, dass Lewis eine ganz außergewöhnliche Begabung besaß. 1913 kam er aufs Malvern College, das bei den Jungen allgemein als das „Coll" bekannt war. Malvern College war für Lewis eine ganz neue Erfahrung, eine große Schule mit vielen Regeln und Vorschriften; außerdem herrschte unter den Schülern ein Wettstreit, wie er es bislang noch nicht erlebt hatte. Lewis hatte einen Geburtsfehler, er konnte die Daumen nicht richtig bewegen, weil ein Gelenk steif war, und aus diesem Grund war es ihm so gut wie unmöglich, einen Ball zu fangen oder einen Schläger richtig zu halten. Er war darum ein schlechter Kricketspieler, und jemand, der nicht gut Kricket spielen konnte, war in Malvern zwangsläufig zum Unglücklichsein verurteilt, denn an der Schule wurde sehr großer Wert auf sportliche Betätigung gelegt. Außerdem konnte er die meisten der Mitschüler nicht leiden, und die Ablehnung war durchaus gegenseitig.

Für einige der Lehrer empfand er jedoch Sympathie, besonders für den Lateinlehrer Harry Wakelyn Smith, bekannt als Smugy. Von all den wilden Jungen mit ihren sportlichen Wettkämpfen hob sich Smugy durch seine freundliche, fleißige und geduldige Art ab. Er führte Lewis weiter in die Dichtung ein und lehrte ihn, „wie man sie in der Stille schmecken und im Munde zergehen lassen sollte". Er ließ ihn Milton, Horaz und Yeats lesen. Vor allem die Schriften des

Letztgenannten über die keltische Mythologie hatten auf den Jungen, den die nordischen Legenden bereits in ihren Bann gezogen hatten, einen großen Einfluss. Dann, im Sommer 1914, bekam der Fünfzehnjährige von seinem Vater die Nachricht, er dürfe Malvern verlassen und solle in Zukunft privat bei William Kirkpatrick, einem alten Freund der Familie, unterrichtet werden. Das war nun wirklich eine befreiende Nachricht, ganz im Gegensatz zu dem, was die Schlagzeilen der Zeitungen verkündeten und worum sich die Gespräche in der Schule drehten. Denn inzwischen war das Unvermeidliche eingetreten: Die großen europäischen Mächte lagen im Krieg. Manche meinten, bis Weihnachten sei alles vorüber. Lewis, obwohl noch ein Teenager, war anderer Ansicht.

⋆ ⋆ ⋆

Während die britischen Truppen sich auf den Schlachtfeldern im Norden Frankreichs in den nassen Schützengräben verschanzten und auf die Auseinandersetzung mit den deutschen Soldaten vorbereiteten, war Lewis auf dem Weg nach Surrey zu einer ganz anderen Begegnung. Hier erwartete ihn Mr Kirkpatrick, ein sechsundsechzig Jahre alter Lehrer, der schon Lewis' Vater unterrichtet hatte und sein ganzes Leben verändern sollte. Beim ersten Zusammentreffen erklärte Lewis, er sei überrascht von der Landschaft Surreys. Die Bemerkung ließ ihm der alte Kirkpatrick nicht durchgehen. Er blieb stehen, wandte sich Lewis zu und begann aus dem Stand eine Belehrung. Um überrascht zu sein, so sagte er, müsse man erst einmal eine bestimmte Erwartung oder Vorstellung von der Landschaft haben, und das sei bei Lewis nicht der Fall gewesen. Die Aussage des Jungen sei also sinnlos.

Das war keine Grausamkeit, sondern ein Versuch, Lewis zum eigenständigen Denken anzuregen und dazu, sich von bequemen Ideen zu lösen. Und so ging es weiter. Um neun Uhr am Montagmorgen saß Lewis zum ersten Mal mit Kirkpatrick zusammen. Der Lehrer las ihm zwanzig Zeilen

W. T. Kirkpatrick, Lewis' Lehrer, und seine Frau, 1920. Eine gute Bildung war für Lewis bis zu seinem Tod von entscheidender Bedeutung.

aus Homers *Ilias* vor und übersetzte etwa hundert, mit sehr wenigen Erläuterungen. Dann reichte er ihm das Buch hinüber und forderte ihn auf, die Übersetzung aus dem Griechischen noch einmal sorgfältig aufzuschreiben. Viele Jungen wären, wenn man sie so ins kalte Wasser geworfen hätte, sang- und klanglos untergegangen.

Lewis strampelte erst ein bisschen, dann aber lernte er bald zu schwimmen. Er lernte nicht nur die griechischen Dichter übersetzen und lieben, sondern bald beherrschte er auch Französisch, Deutsch und Italienisch so gut, dass er Molière, Goethe und Dante lesen konnte.

Er war in seinem Element. Hier wurde er von jemandem herausgefordert, den er respektieren konnte. Kirkpatricks Einfluss hatte allerdings auch Auswirkungen auf seinen Glauben. Lewis' Vorbehalte gegen das Christentum wurden von dem aggressiven Atheismus seines Mentors noch verstärkt, und er entfernte sich immer weiter von den Lehren der Kirche und seinem

Die imposante Fassade des University College in Oxford, in dem Lewis 1917 sein Studium aufnahm. Das College wurde 1249 gegründet.

Glauben an die Bibel. Seine Erziehung und seine Einstellung zur Religion wurden also weitgehend von Mr Kirkpatrick geprägt, die Frau seines Lehrers hingegen machte ihn mit den Annehmlichkeiten Londons bekannt. Sie nahm ihn mit ins Theater und zeigte ihm die vielen Buchhandlungen der Stadt. Keiner dieser Einflüsse aber war so stark und hatte eine so bleibende Wirkung wie der eines bereits verstorbenen schottischen Autors, dessen Bücher er eher zufällig kennen lernte.

Im Oktober 1915 durchwühlte Lewis den Bücherstand einer kleinen Bahnhofsbuchhandlung und stieß dort auf ein Buch von George MacDonald mit dem Titel *Phantastes*. Er schlug die ersten Seiten auf und spürte sofort, dass er dem Buch und seinem Verfasser verfallen war. Später schrieb er einmal: „Ich habe nie ein Geheimnis daraus gemacht, dass ich ihn als meinen Meister betrachte; ja, ich glaube, ich habe kein einziges Buch geschrieben, in dem ich ihn nicht zitiert habe … Er scheint alles zu wissen, und ich entdecke bei ihm ständig meine eigenen Erfahrungen."

MacDonald, der bereits 1905 gestorben war, brachte es als Autor zu keiner besonderen Berühmtheit. Er hatte unter anderem zwei fantastische Romane für Erwachsene geschrieben, in denen Traumwelten und viele religiöse Symbole vorkamen, war aber vor allem bekannt durch seine Kinderbücher, darunter *The Princess and the Goblin*. Außerdem war er überzeugter Christ. Hier war nun jemand, der Lewis, was die Religion anbetraf, in eine andere Richtung zog.

Während die Jugend Europas im Krieg ausblutete, verbrachte Lewis das ganze Jahr 1915 mit Lesen und Lernen. Am Ende des folgenden Jahres, inzwischen war er achtzehn, war er so weit, das Stipendiatenexamen für die Universität in Oxford abzulegen. Er bestand die Prüfung und wurde als Student am University College angenommen. Die Stadt mit ihrer Universität sollte ihm viele Jahre zur Heimat werden, und ihre Architektur und Kunst, die Pubs und Gotteshäuser verloren für Lewis nie ihren Reiz. Sein eigenes Zimmer war gemütlich und einladend. Dicke Teppiche, ein Feuer in der Ecke, immer eine Tasse Tee, ein Flügel und riesige, schwere Holztische. Der Dichter Percy Bysshe Shelley hatte dasselbe College besucht, und bei seinen ausgedehnten Spaziergängen dachte Lewis an den jungen Mann und fühlte sich ihm so nahe, wie die Studenten, die nach Lewis kommen sollten, sich wahrscheinlich dem Autor der Narnia-Geschichten nahe fühlen, wenn sie an seinem alten Arbeitszimmer vorbeigehen oder auf den Wegen gehen, die er gegangen ist.

26
W. & J. WALLACE
TEA & PRESENT STOR
BROWNS
WALLACE

Oxford ist in vieler Hinsicht steingewordene englische Geschichte. Die Stadt liegt mitten in den Cotswolds, der wohl englischsten Landschaft im Süden der Insel, westlich von London, wo jede Landstraße endlose Möglichkeiten bereitzuhalten scheint. Hier wartet eine mittelalterliche Kirche, an der nächsten Wegbiegung lockt der Anblick einer Wirtschaft aus der Tudor-Zeit. Es überwiegen die Grün- und Brauntöne, und aus diesen Cotswolds erhebt sich glitzernd und funkelnd die Universität von Oxford.

Das Oxford, wie Lewis es kennen lernte, war stolz auf sein Alter, reichten seine Wurzeln doch bis ins zwölfte Jahrhundert zurück. Worcester College, das erst 1714 erbaut wurde, galt dagegen bereits als neu und recht modern. Wohin der Blick auch fiel, überall sah er nur Türmchen und Türme, bleiverglaste Fensterscheiben und Schatten, die von früheren Kriegen, einstigen Gelehrten und vergangenen Ideen zeugten. Das Ohr bemerkte vor allem das Läuten der Kirchenglocken und das Klappern der alten Fahrräder auf dem Kopfsteinpflaster. Dazu sah man, wie dampfender Tee in feine Tassen gegossen wurde oder in den Pubs, in denen vielleicht Shakespeare schon getrunken hatte, das Bier in die Gläser schäumte. Man sah Colleges, in denen schon vor Hunderten von Jahren Könige geschlafen haben mochten. Die Vergangenheit musste nicht in staubigen Büchern nachgelesen werden, man schmeckte, spürte und roch sie, wenn man durch die Straßen ging. Für Lewis war es ein Schritt in die Freiheit, vom engen Belfast in die Weite Oxfords. Es war zwar nicht der Himmel, kam ihm aber doch sehr nahe.

Als Lewis 1916 das erste Mal nach Oxford kam, schien der Krieg noch weit entfernt. Für die weniger privilegierte Bevölkerung in anderen Teilen des Landes war die Situation jedoch schon äußerst schwierig. Als deutsche U-Boote 1917 die Versorgung Englands auf dem Seeweg abschnitten, musste die Regierung die Rationierung von Lebensmitteln einführen, und die Menschen begannen Schlange zu stehen.

Oxford schien überdies weit entfernt von den französischen Schlachtfeldern, doch das war eine Illusion. Als Ire konnte Lewis zwar nicht in die britische Armee einberufen werden, hatte sich aber als Freiwilliger gemeldet. „Ich bin kein Pazifist“, schrieb er später. „Was sein muss, muss sein. Aber das Fleisch ist schwach, und ich glaube, es wäre besser zu sterben, als noch einmal einen Krieg zu erleben.“ Als er Oxford verließ, um seine militärische Grundausbildung zu beginnen, da glaubte er allerdings noch, dass dort draußen Ruhm und Ehre auf ihn warteten. Bald schon sollte er seine Meinung ändern.

KAPITEL 2

Träume und Türme

Es ist sehr tröstlich, dass so viele Bücher über das wirkliche Leben – Biographien, Autobiographien, Briefe usw. – trotz all der Tragödien, über die sie berichten, viel eher einen Eindruck von Glück hinterlassen … Die Tragödien des wirklichen Lebens enthalten vielleicht viel mehr Trost und Spaß und Vergnügen als die Komödien der Literatur.

DIE BRIEFE VON C. S. LEWIS AN ARTHUR GREEVES

Schon in den ersten Tagen seiner militärischen Ausbildung lernte Lewis einen anderen Iren kennen, einen jungen Mann mit Namen Edward Francis Courtenay Moore, der von seinen Freunden schlicht Paddy genannt wurde. Die beiden wurden enge Freunde, und durch diese Freundschaft kam Lewis auch in Kontakt mit Paddys Mutter, Mrs Janie Moore. Die Beziehung vertiefte sich nach dem Ende des Kriegs, und Mrs Moore wurde für ihn so etwas wie eine Ersatzmutter. Im Moment jedoch musste er sich erst einmal ganz auf das konzentrieren, was ihn in Frankreich erwartete. Noch vor seinem neunzehnten Geburtstag wurde er an die Front bei Arras geschickt. Dabei schien er gewisse

Lewis (links) und Paddy Moore, 1917. Die beiden verband eine enge Freundschaft.

Lewis war bereit, seinen Beitrag zu dem Krieg zu leisten, der, seiner Meinung nach, „alle Kriege beenden würde“. Das Grauen der Schützengräben – wie hier an der Somme – ließ ihn jedoch recht bald erkennen, dass es im Krieg keine Ehre gibt.

Aspekte des Soldatenlebens auf eine eigentümliche Weise fast zu genießen – die kameradschaftlichen Gefühle und die Vorstellung, sich für eine gemeinsame Sache einzusetzen.

Doch je länger die Kämpfe dauerten, um so deutlicher wurde ihm bewusst, dass der Krieg nur ein Ziel kennt, nämlich den Tod, und Leid und Schmerz sind seine wahren Waffen. Zu seiner eigenen Überraschung nahm er einmal fast im Alleingang sechzig Deutsche gefangen, „was heißen will, dass ich zu meiner großen Erleichterung entdeckte, dass die feldgrauen Gestalten, die da plötzlich in einem Haufen aus dem Nichts auftauchten, allesamt die Hände erhoben hatten". 1917 verschlechterte sich die Lage, der Stellungskrieg erreichte seinen Höhepunkt. Lewis erlebte mit eigenen Augen den Anblick von Toten, die Krankheiten, das schlammige Chaos dieses Krieges, der eigentlich das Ende aller Kriege bedeuten sollte und stattdessen erst der Anfang war. Und dann, im April, schlug neben ihm eine Granate ein, die einen seiner Freunde tötete und ihn selbst an Arm, Gesicht und Bein verwundete. Ein paar Augen-

Auf dem Trafalgar Square in London feiert eine begeisterte Menge die Unterzeichnung des Waffenstillstands, mit dem der Erste Weltkrieg beendet wird. Selbst das schwache Echo auf sein erstes Buch, Spirits in Bondage, konnte Lewis' Begeisterung über das Friedensabkommen keinen Abbruch tun.

blicke lang meinte er, er sei selbst ums Leben gekommen, dann aber merkte er, dass seine Verletzungen zwar nicht tödlich, aber dennoch schwer genug waren, um ihm die Heimfahrt zu erlauben. Zumindest für diesen untypischen und widerwilligen Soldaten war der Krieg damit zu Ende.

Zu Hause wurde Lewis von den Kirkpatricks und Mrs Moore gepflegt, nicht aber von seinem Vater. Lewis senior hatte seit geraumer Zeit zu trinken begonnen und musste inzwischen wohl als Alkoholiker bezeichnet werden. Als Lewis im Oktober zur weiteren Behandlung in ein Krankenhaus eingewiesen wurde, war es Mrs Moore und nicht Albert Lewis, die in seine Nähe zog, um sich um ihn zu kümmern. Während dieser Genesungszeit vollendete Lewis ein Buch mit Gedichten, an denen er in Frankreich gearbeitet hatte. Es trug den Titel *Spirits in Prison*, der später in *Spirits in Bondage* (Gefesselte Geister) umgeändert wurde, und wurde vom Verlag Heinemann unter dem Pseudonym Clive Hamilton publiziert. Das Buch kam nicht besonders gut an. Lewis' Enttäuschung wurde aber dadurch gemildert, dass zur selben Zeit der Waffenstillstand unterzeichnet wurde. Endlich herrschte wieder Frieden. Er selbst wurde aus der Armee entlassen und konnte nach Oxford zurückkehren.

Zwar war der Krieg auch an der Universität nicht spurlos vorübergegangen, Lewis' Begeisterung hielt jedoch unvermindert an. Er studierte Latein und Griechisch, las zum Vergnügen aber auch Shakespeare und Edward Gibbon. Er stand am Morgen um halb sieben auf, frühstückte mit Brot und Käse und Bier, und dann las und las und las er. Sein Freund Paddy Moore hatte den Krieg nicht überlebt, und Lewis zog nun mit der Mutter des Freundes und deren Tochter Maureen zusammen. Er zahlte die Miete, half im Haushalt und verhielt sich in allem wie ein mustergültiger Sohn. Was es mit dieser Beziehung wirklich auf sich hatte, ist nie restlos geklärt worden, sicher hatte aber der frühe Verlust der eigenen Mutter etwas damit zu tun und vermutlich auch ein Gefühl der Schuld, weil Paddy tot und er selbst mit

Jack, Maureen und Mrs Moore während eines Urlaubs in Cornwall, 1927.

dem Leben davongekommen war. Selbst an den hohen Ansprüchen gemessen, die das Studium in Oxford an ihn stellte, zeigte Lewis außergewöhnlich gute Leistungen und schloss das Studium in Oxford mit Auszeichnung und dem Gewinn eines bedeutenden englischen Essaypreises ab.

Doch Stellen an der Universität waren dünn gesät, und selbst mit solchen Auszeichnungen war es nicht leicht, irgendwo hineinzukommen. Lewis entschloss sich darum, das Studium fortzusetzen. In den nächsten drei Jahren studierte er Altenglisch und besuchte Philosophie- und Literaturvorlesungen. Er musste hart arbeiten, aber wie er selbst sagte: „Die einzigen, die viel erreichen, sind die, die so sehr nach Wissen trachten, dass sie auch unter den ungünstigsten Bedingungen danach suchen. Günstige Bedingungen kommen nie."

Eine günstige Bedingung für sein Weiterkommen kam dann aber doch, als 1925 eine Fellowship (ein größerer Lehrauftrag) für Englisch am Magdalen College in Oxford ausgeschrieben wurde. Lewis bewarb sich um die Stelle, und im Mai desselben Jahres verkündete die Lokalzeitung seiner Heimatstadt stolz: „Ehrung für Mann aus Belfast." Lewis war im Übrigen genauso überrascht, wie er sich geehrt fühlte. Das Magdalen College war fünfhundert Jahre alt, ein ausnehmend schönes Gebäude, das an einer Seite an ein herrliches Wildgehege grenzte. Während des Trimesters wohnte Lewis in seinen Räumen im College. Er stand oft früh auf, machte sich eine Kanne Tee, zündete die Pfeife an und sah zu, wie der Morgen über dem Park aufzog und die Hirsche durch das hohe, feuchte Gras liefen. Wenn es irgendwo Andeutungen für ein irdisches Narnia gab, dann hier.

Als Lehrer war Lewis bei seinen Studenten beliebt, auch wenn er als etwas exzentrisch galt. Manchmal begann er seinen Vortrag bereits im Gehen auf dem Gang vor dem Klassenzimmer und setzte ihn, wenn er über die Türschwelle trat, fort, als wenn nichts geschehen wäre. Seine Stimme war fest und klar, mit einem leichten irischen Akzent, und er redete mit großer Bestimmtheit. Pünktlich fünf Minuten vor Ablauf der Stunde schloss er seinen Vortrag, griff nach Stock und Hut und verließ den Raum so gleichgültig, wie er ihn betreten hatte. Viele Studenten wären gern hinter ihm hergelaufen und hätten ihm weitere Fragen gestellt, aber nur wenige taten es.

Lewis in Stonehenge, April 1925. Der ernste Blick mag etwas mit seiner Bewerbung um eine Fellowship in Oxford zu tun haben.

Das prächtige Magdalen College in Oxford. Hier unterrichtete Lewis 29 Jahre.

Lewis besaß die Fähigkeit, andere zu begeistern. Der kanadische Kirchenmann und Autor Tom Harpur erinnert sich an Lewis als eine „sehr überraschende" Persönlichkeit: „Als er hereinmarschiert kam, erwartete ich sehr wenig von ihm. Er sah so derb und kräftig aus, fast wie ein Metzger. Aber wenn er erst einmal zu reden begann, war alles wie verwandelt. Wir hingen an seinen Lippen." Allmählich festigte sich sein Ruf an der Universität. Besonders ein anderer, erst vor kurzem ernannter Lehrer wurde auf ihn aufmerksam, ein Professor für Angelsächsisch mit Namen J.R.R. Tolkien. Er war es auch, dessen Interesse an skandinavischen Volksmärchen und keltischen Legenden einen so großen Einfluss auf Lewis' Werk haben sollte. Tolkien hatte einen Klub gegründet, der sich „Kolbitar" nannte. Das Wort kommt aus dem Isländischen und bedeutet so viel wie „Kohlenbeißer", Männer, die zusammen am Feuer sitzen, miteinander reden und lesen. Zur Gruppe gehörten verschiedene andere Männer des Oxforder Lebens, die gern altnordisch lasen und sich mit den toten nordischen Sprachen beschäftigten. Lewis besuchte gern ihre Zusammenkünfte, fühlte sich dort aber nie ganz wohl. Über seinen Freund Tolkien zum Beispiel sagte er, er lasse sich nicht beeinflussen. „Wir hörten uns seine Werke an, konnten ihn aber höchstens ermutigen. Er kennt nur zwei Reaktionen auf Kritik: Entweder schreibt er die ganze Arbeit noch einmal neu, oder er beachtet sie überhaupt nicht."

Das Jahr 1929, Lewis war inzwischen einunddreißig Jahre alt, beschrieb er später selbst als den Wendepunkt seines Lebens. Seit der kurzen Periode in seiner Kindheit, in der er sich der Religion zugewandt hatte, hielt er sich schon seit einigen Jahren nicht mehr für einen Christen. Weil er ein so zurückhaltender und bescheidener Mann war, hat er über die Einzelheiten seiner Rückkehr zum christlichen Glauben nie so ausführlich geschrieben, wie wir es uns wünschen würden. Sie geschah jedoch ganz eindeutig unter dem Einfluss der Literatur und auch der Menschen seiner Umgebung, die er bewunderte. Sein Freund Arthur Greeves, ein Gefährte seit Kindertagen, wie auch Owen Barfield, ein Rechtsanwalt aus London, waren Christen, und wenn Lewis diese Männer besuchte, dann hörte er voller Bewunderung und mit offenen Sinnen zu, was sie über ihre religiösen Ansichten zu sagen hatten. Auch Tolkien war gläubig, er gehörte zur katholischen Kirche, und dazu einige andere Mitglieder der Kolbitars. Lewis' Lektüre war noch mehr dazu angetan, ihn zurück zum Christentum zu führen. Einige Zeit schon hatte er begierig die Schriften von G.K. Chesterton gelesen, des großen englischen Schriftstellers, Poeten und Essayisten, durch den schon viele zum Glauben gefunden hatten. Besonders sein Werk *The Everlasting Man*, in dem er die Religion und ihre Geschichte analysiert, war ein unwiderstehliches Argument für das Christentum.

Tennispartie in Belfast, Aufnahme aus dem Jahre 1910. Links stehend Arthur Greeves, rechts Lewis.

An einem Sommertag im Jahre 1929 war Lewis mit dem Doppeldeckerbus in Oxford unterwegs und fuhr gerade den Headington Hill hinauf, als ihn plötzlich das Gefühl überkam, er mache sich selbst etwas vor, er schiebe etwas vor sich her oder sei irgendwie eingesperrt. Es gab nur einen Ausweg, und der bestand darin, Gott und die Religion anzunehmen. Kurz danach, zurück in der gemütlichen und tröstlichen Umgebung seiner Räume in Oxford, „lenkte ich ein und gab zu, dass Gott Gott war, und kniete nieder und betete; vielleicht in jener Nacht der niedergeschlagenste und widerwilligste Bekehrte in ganz England. Ich sah damals noch nicht, was mir heute als das Leuchtendste und Offensichtlichste erscheint; nämlich die göttliche Demut, die einen Bekehrten selbst unter solchen Bedingungen annimmt ... Die Härte Gottes ist freundlicher als die Weichherzigkeit der Menschen, und sein Zwang ist unsere Befreiung."

Lewis hatte schon immer die Gabe besessen, die kompliziertesten Gedanken in einfachen Worten zu erklären. Seine geistliche Reise war vom intellektuellen Standpunkt aus gesehen nicht einfach, er kannte viele Zweifel und Fragen. Doch in einem Brief an seinen Bruder schilderte er sie anhand der Geschichte von einem Studenten, der bei einer Mahlzeit eine Schüssel Kartoffeln umstößt und einen anderen Gast bekleckert. Der Schuldige wird vor die Universitätsleitung zitiert und aufgefordert, sein Verhalten zu erklären. Er kann es nicht und erwidert: „Ich wusste nicht, was ich sonst tun soll-

Lewis mit seinem Vater, 1918. Albert Lewis starb, bevor die Beziehung zwischen Vater und Sohn geordnet werden konnte.

te." So war es auch bei ihm. Lewis wurde Christ, weil es für ihn keinen anderen Weg, keine Alternative gab.

Sein Glaube sollte ihm noch im selben Jahr in einer Weise helfen, wie er es wohl kaum erwartet hatte. Im September 1929 starb sein Vater Albert Lewis im Alter von sechsundsechzig Jahren. Obwohl Vater und Sohn sich nie besonders nahe gestanden hatten, traf der Tod ihn tief, und wie als Ausgleich suchte er nun noch mehr die Freundschaft anderer Männer. Er kam in näheren Kontakt mit Tolkien, und dies wie seine Bekehrung machten ihm Mut, sich vermehrt dem Schreiben zu widmen. Tatsächlich war er in dieser Hinsicht so etwas wie ein Spätzünder. Viele seiner Altersgenossen hatten mit Anfang dreißig schon mehrere Bücher veröffentlicht. 1932 begann Lewis mit der Arbeit an *The Pilgrim's Regress* (dt. *Flucht aus Puritanien*). Der Titel ist eine Anspielung auf *Die Pilgerreise*, den berühmten Klassiker John Bunyans aus dem siebzehnten Jahrhundert, dessen englischer Titel *The Pilgrim's Progress* lautet. In seinem ersten großen Buch versuchte Lewis sich mit den aktuellen politischen und philosophischen Versuchungen auseinanderzusetzen, denen der Christ sich gegenübersieht. Er schrieb von den Marxomanni unter Bezug auf den Marxismus; den Mussolimini, mit Anspielung auf den Faschismus Italiens, sowie den Swastici, die Hitlers Partei und Ideen verkörperten. Das Buch mit dem Untertitel *An Allegorical Apology for Christianity, Reason and Romanticism* (Eine allegorische Verteidigung von Christentum, Verstand und Romantik) war so etwas wie eine Satire und zeigte, dass Lewis fest im Protestantismus verwurzelt war.

Er schloss sich jedoch nie einer bestimmten Gemeinde an. Lewis meinte immer, die Menschen sollten innerhalb ihrer Denomination die Kirche besuchen, die ihrem Wohnort am nächsten liege, und nicht lange herumsuchen, wo es ihnen am besten gefalle. Er selbst war Anglikaner, Mitglied der Kirche Englands, und obwohl Katholiken wie auch Evangelikale immer

„The Kilns" in Headington bei Oxford. In diesem Hause lebte Lewis dreiunddreißig Jahre. Hier starb er auch. Der Name des Hauses (dt. Brennöfen) geht auf ein paar Ziegelöfen zurück, die sich auf dem Grundstück befanden.

wieder versucht haben, Lewis für sich zu beanspruchen, und behaupten, irgendwann hätte er sich sicher ihrer Richtung angeschlossen, weigerte er sich hartnäckig, sich in die Streitereien zwischen den verschiedenen Konfessionen hineinziehen zu lassen. Lewis war inzwischen in ein Haus am Rand von Oxford gezogen, „The Kilns". Der Gottesdienst in der örtlichen Gemeinde, Headington Quarry, war sehr förmlich und überladen. Lewis besuchte ihn ebenso regelmäßig wie den einfacheren und nach dem Ritus der „Low Church" gefeierten Gottesdienst in der Universitätskapelle. Wichtiger als die Beziehung zur Gemeinde war ihm die Beziehung zu seinem Gott. Heute befindet sich in der Kirche von Headington Quarry an der Stelle, an der Lewis normalerweise saß, eine Tafel. Der Platz liegt hinter einer Säule, die ihn vor den Blicken der anderen verbarg, ihm aber gleichzeitig ermöglichte, alles zu beobachten, was um ihn her vorging. Ein Gemeindemitglied erinnert sich daran, dass Lewis den Gottesdienst immer kurz vor Schluss verließ und alle das Poltern seiner schweren Schuhe und des Spazierstocks auf dem Steinboden hören konnten. „Einmal", so berichtet der Mann, der später Kirchenvorsteher wurde, „war die Tür verschlossen, als Lewis gehen wollte. Er machte einen furchtbaren Lärm, um hinauszukommen, dabei war der Pfarrer noch immer am Reden. Aber das schien Lewis nicht zu kümmern, und es regte sich auch niemand auf."

Der Teich hinter „The Kilns". Heute mahnt ein Schild die Besucher, die Ruhe der Natur – zum Beispiel der Bewohner Narnias – nicht zu stören.

„The Kilns" sollte Lewis für den Rest seines Lebens zur Heimat werden. Es war ein großes, heimeliges Haus mit interessanten und einladenden Ecken und Winkeln. Lewis ließ sich extra eine Tür einbauen, die von seinem Zimmer in den Garten, zum Teich und dem direkt dahinter beginnenden Wald führte, so dass er niemand aufwecken musste, wenn er sich auf seine frühmorgendlichen Spaziergänge begab. Der Duft von Tee, Pfeifentabak und solidem englischen Essen wie Kartoffeln und Speck hing in der Luft; man hörte das Rascheln von Stift und Papier, wenn Lewis an seinen Vorlesungen schrieb. Manchmal redete er auch mit sich selbst, wenn er Aufzeichnungen oder seine Bücher korrigierte, und über allem erklang das Pfeifen des Teekessels. Das war seine Basis, seine Zuflucht, hier fand er Sicherheit. Er lebte dort mit Mrs Moore, um die er sich noch immer kümmerte. Später kam sein Bruder Warnie dazu, der zunächst in der Armee geblieben war und am 1. Dezember 1932 seinen Abschied nahm.

Zum Haushalt gehörte außerdem ein Gärtner namens Fred Paxford. Er lebte in einem kleinen Cottage bei „The Kilns", und man hörte ihn Kirchenlieder singen, wenn er das Holz hackte oder Unkraut jätete. Er war ein ausgesprochener Pessimist und wurde von Lewis in seinem Buch *The Silver Chair* (dt. *Der silberne Sessel*) als Puddleglum verewigt. „The Kilns" war ein glückliches Haus. Es „hat eine gute Atmosphäre", sagte Lewis, „in dem Sinne, dass ich nie an einem Ort gewesen bin, an dem man sich weniger fürchten muss, der weniger Furcht erregend ist. Hier muss schon vor uns gutes Leben geherrscht haben. Wenn es in diesem Haus spukt, dann sind es gute Geister."

Hier konnte Lewis arbeiten. Und das tat er auch. Er beendete eines seiner Meisterwerke, ein Buch mit dem Titel *The Allegory of Love.* Er hatte seit Ende der zwanziger Jahre daran gearbeitet, und das Buch ist bis heute ein Klassiker. Es ist die Geschichte der allegorischen Liebesliteratur vom frühen Mittelalter bis zur Zeit Shakespeares und basiert zum großen Teil auf Vorlesungen, die

Lewis zu diesem Thema in Oxford hielt. Bei einer Allegorie wird eine Sache mit einer anderen verglichen. Ein Beispiel wäre es, die Liebe mit einer Rose zu vergleichen und dann das Aufblühen der Liebe mit dem Aufblühen der Rose. Trotz des eher intellektuellen Themas ist *The Allegory of Love* ein erstaunlich leicht lesbares Buch und es begründete Lewis' Ruf als Gelehrten von internationaler Bedeutung. Außerdem brachte es seinen Autor in Kontakt mit einem Lektor bei der Oxford University Press, dessen Aufgabe es war, Lewis' Manuskript zu bearbeiten. Sein Name war Charles Williams.

„Er ist ein hässlicher Mann mit einem Cockney-Akzent", schrieb Lewis über Williams. „Aber daran denkt niemand mehr, wenn er erst einmal angefangen hat zu sprechen. Sein Gesicht hat etwas Engelhaftes. Von allen Menschen, die ich im öffentlichen wie im privaten Leben kennen gelernt habe, ist er wohl der, der einem mit der meisten Liebe begegnet … Ich bin stolz darauf, zu seinen Freunden zu gehören." Dass die beiden so gute Freunde wurden, war nur natürlich. Williams war Autodidakt, ein äußerst belesener Mann und aktives Mitglied der anglikanischen Kirche. Seltsamerweise war er auch Mitglied einer okkulten Gruppe mit der Bezeichnung „Orden der Goldenen Morgendämmerung", bei der es aber eher um den Glauben an Engel und romantisches Rittertum ging als um irgendwelche finsteren Machenschaften.

Charles Williams. Der Tod des Freundes im Jahre 1945 erschütterte Lewis zutiefst, doch hatte er gleichzeitig das Gefühl, ihm gerade jetzt besonders nahe zu sein.

Er schrieb eine Reihe mythischer Erzählungen, und eine davon, ein Roman mit dem Titel *The Place of the Lion*, erhielt Lewis etwa zur selben Zeit zum Lesen, in der Williams *The Allegory of Love* auf den Schreibtisch bekam. Williams' Buch handelte von der geistigen Welt, von Zauber und der Macht der Götter. Lewis war fasziniert, vor allem von dem Löwen auf dem Titel. Hier findet sich eine erste Anspielung auf den zukünftigen Aslan.

1937 veröffentlichte Tolkien mit großem Erfolg *The Hobbit* (dt. *Der kleine Hobbit*). Es sah so aus, als würde Lewis von seinen Kollegen aus der literarischen Welt allmählich überholt. Dabei arbeitete auch er an einem Sciencefiction-Roman, dem ersten Band seiner späteren Trilogie. *Out of the Silent Planet* (dt. *Jenseits des schweigenden Sterns*) erschien 1938. Das Manuskript wurde zunächst von zwei Verlagen abgelehnt; erst der dritte, „The Bodley Head", erkannte die Bedeutung der Geschichte. Der Held des Buches, ein Professor namens Ransom, der leichte Ähnlichkeit mit Tolkien aufweist, wird von zwei seltsamen Wissenschaftlern, Weston und Devine, entführt. Die beiden haben ein Raumschiff entwickelt, in dem sie ihn mit auf den Mars nehmen. Sie gehen irrtümlicherweise davon aus, die Marsbewohner seien Kannibalen und würden Ransom als ihr Opfer verspeisen. In Wahrheit jedoch liegt den drei grundverschiedenen Völkern schon der Gedanke an Kannibalismus völlig fern. Die Geschichte ist in einem zügigen Stil geschrieben, eine Reise in den Weltraum wird mit Abenteuer, Verbrechen, fremdartigen Geschöpfen und biblischer Theologie verquickt. Die Kritiken waren gut. Tolkien ließ den Roman in seinem Literaturzirkel vorlesen und berichtete, es sei „eine spannende Fortsetzungsgeschichte, die sehr gelobt wurde". Der einflussreiche Kritiker Hugh Walpole schrieb, es sei „ein sehr gutes Buch. Spannend und interessant." Damit war der Grundstein für Lewis' Ruf als Romanschriftsteller gelegt. Er selbst wusste aber – ebenso wie seine Freunde –, dass seine besten Bücher noch nicht geschrieben waren.

KAPITEL 3

Freunde, Götter und Dämonen

Freundschaft ist das größte der weltlichen Güter. Für mich ist sie ganz sicher das größte Glück des Lebens. Wenn ich einem jungen Mann raten sollte, wo er leben sollte, dann würde ich ihm wohl sagen: „Gib nur alles daran, damit du in der Nähe deiner Freunde wohnen kannst." Ich weiß, dass ich in dieser Hinsicht wirklich vom Glück begünstigt bin.

DIE BRIEFE VON C. S. LEWIS AN ARTHUR GREEVES

1939 trat Lewis einem Oxforder Club bei, der unter dem Namen „Inklings" bekannt war. Der Club war ursprünglich in der ersten Hälfte der dreißiger Jahre von einer Studentengruppe an der Universität gegründet worden. Später hatte eine Gruppe von Akademikern den Namen übernommen. Man traf sich, um einander aus den gerade aktuellen Arbeiten vorzulesen und darüber zu diskutieren. Bei der Bezeichnung „Inklings" handelte es sich um ein Wortspiel, da der Ausdruck im Englischen eine doppelte Bedeutung hat. Zum einen findet sich darin eine Anspielung auf das Wort „Tinte" (engl. „ink"), es bezeichnete also eine Gruppe von Männern, die mit Tinte herumspritzten. Zum anderen bedeutet „Inkling" auch „Andeutung" oder „vages Gerücht". Hier trafen sich also Leute, die selbstironisch von sich behaupteten, keine genaue Ahnung zu haben. Die „Inklings" wurden in der Folgezeit zu einem der produktivsten und interessantesten Literaturzirkel unseres Jahrhunderts.

Man traf sich jeweils am Donnerstagabend im zwanglosen Rahmen, las einander aus den eigenen Werken vor und tauschte sich aus. Es gab keine Hierarchie, und es wurde auch kein Protokoll geführt. Zu den Teilnehmern gehörten Lewis und sein Bruder Warnie, Tolkien, Charles Williams, ein Dozent der Universität von Reading mit Namen Hugo Dyson, Lewis' Arzt Robert

Lewis und sein Bruder auf einer Radtour in Nordirland im Jahre 1908. Von früher Jugend an fühlte Lewis sich im Kreise von Männern wohler als in der Gesellschaft von Frauen. So schätzte er später die Zusammenkünfte der „Inklings" vor allem wegen der Männerfreundschaften, die dort gepflegt wurden.

E. Havard, Owen Barfield, Nevil Coghill, ein alter Freund von C.S. Lewis aus Irland, und je nachdem Bekannte von Lewis oder seinem Bruder, die gerade zu Besuch oder auf der Durchreise waren und geeignet erschienen. Neue Mitglieder mussten von allen Teilnehmern akzeptiert werden, aber irgendwie schien jeder zu wissen, was sie suchten. „Gibt es auf dieser Erde ein größeres Vergnügen als einen Kreis von gläubigen Freunden vor dem offenen Feuer?", schrieb Lewis. „Das Beste, was einem passieren kann, wenn man schon selbst nicht weise ist, das ist, in einem Kreis von weisen Menschen zu leben."

Gewöhnlich traf man sich in Lewis' Räumen. Auf dem Tisch standen Schinken und Käse, und immer gab es eine Kanne starken Tee, den Warnie selbst gekocht hatte. Das Anzünden der Pfeifen war schon fast ein zeremonieller Akt, und erst wenn das geschehen war, fragte Lewis, wer etwas vorlesen wolle. Warnie schilderte eines der späteren Inklings-Treffen folgendermaßen:

> Bei den meisten Zusammenkünften wurde ein Kapitel aus dem „neuen Hobbit", wie ich es nannte, von Tolkien vorgelesen. Es handelte sich dabei um das Buch bzw. die Bücher, die später als „Der Herr der Ringe" veröffentlicht wurden. Es entstand eine lange Diskussion über die Ethik des Kannibalismus ... Manchmal, allerdings nicht oft, kam es vor, dass keiner etwas vorzulesen hatte. Dann wurde es meist sehr lustig und ausgelassen. Jack lief zu Hochform auf und genoss jeden Augenblick – „Kein Geräusch liebe ich mehr", sagte er einmal, „als Männerlachen." Bei den Inklings sprühte er vor Geist und Übermut, er war originell, schlagfertig, und sein Urteil war immer scharf und treffend.

Ein Teil der Gruppe traf sich auch am Anfang der Woche vor dem Mittagessen in einem Oxforder Pub, dem „Eagle and Child" (Adler und Kind), das sie allerdings nur „The Bird and the Baby" nannten. Was sie dort besonders anzog, war der Wirt, ein exzentrischer Mann namens Charles Blagrove, der seine Kunden mit höchst zweifelhaften Märchen und Anekdoten über das alte Oxford erfreute. Hier, bei seinen Freunden, fühlte Lewis sich geborgen, hier empfand er die Sicherheit, nach der er sich immer gesehnt hatte. Mochte die Welt auch noch so unruhig und beunruhigend sein, im Kreis der vertrauten Inklings, bei einem Krug englischen Bitterbiers, die Pfeife im Mund, konnte er die Sorgen vergessen, die doch nur um die nächste Ecke lauerten.

Er ging auch ins Theater und ins Kino. Walt Disneys Film *Schneewittchen und die sieben Zwerge* gefiel ihm sehr gut. In Oxford und in London sah er sich klassische wie auch moderne Bühnenstücke an, und obwohl er ein strenger Kritiker war, konnte er eine gute Aufführung auch großzügig unterstützen. Und er ging spazieren. Er liebte lange und oft recht anstrengende Märsche und genoss die Einkehr in den dörflichen Wirtshäusern, wo er sein Mittagessen oder den Tee einnahm. Auf diesen Wanderungen, wenn der frische Wind, der über die Hügel strich, den Kopf klärte, kamen ihm die besten Gedanken. So ging es auch mit seinem nächsten Buch, das Teil einer Reihe war, die unter dem Titel „Christian Challenge" (Die christliche Herausforderung) erschien. Lewis' Beitrag lautete *The Problem of Pain* (dt. *Über den Schmerz*). Er untersuchte darin die Reaktion der Christen auf Schmerz und Leid. Das Thema war wegen des Todes seiner Eltern und einem grundlegenden Gefühl der Einsamkeit, das ihn die meiste Zeit seines Erwachsenenlebens beglei-

Der Oxforder Pub „Eagle and Child" (Adler und Kind), oder „The Bird and Baby", wie es von Lewis und seinen Freunden genannt wurde. Hier hängen noch heute Bilder von Lewis und anderen Mitgliedern der „Inklings".

tete, für ihn selbst von großem Interesse. Lewis vertrat immer die Auffassung, der Schmerz könne ein Werkzeug Gottes sein, mit dem er seinen Geschöpfen helfen oder sie etwas lehren wolle. Ein paar Jahre später äußerte er zum selben Thema: „Was meinen die Leute eigentlich, wenn sie sagen: ‚Ich habe keine Angst vor Gott, denn ich weiß, er ist gut'? Waren sie denn noch nie beim Zahnarzt? … Wir zweifeln nicht unbedingt daran, dass Gott das Beste für uns will; wir fragen uns vielmehr, wie schmerzhaft dieses Beste wohl sein wird."

1939 wurden Lewis' Befürchtungen im Blick auf diese Welt wahr. Wieder einmal warf der Krieg seine bösen Schatten über Soldaten wie über die Zivilbevölkerung. Einige seiner Freunde meldeten sich zum Militärdienst, Lewis selbst jedoch blieb in Oxford und versuchte sein Leben möglichst unverändert weiterzuführen. Er ging zur gewohnten Zeit zum Abendmahl, nahm die Mahlzeiten zur selben Zeit ein wie sonst und traf sich weiterhin mit den Inklings, auch wenn manchmal nur zwei oder drei der Freunde kommen konnten. Wie immer, wenn er unglücklich war, versuchte er seine Probleme mit Schreiben und intensivem Nachdenken in den Griff zu bekommen. Wir können darum in gewissem Sinne dankbar sein für diese schwierige Zeit, denn an ihrem Ende hatte er die *Screwtape Letters* (dt. *Dienstanweisung für einen Unterteufel*) verfasst, jenen berühmten Bericht eines älteren Teufels, Screwtape, an seinen jungen Neffen Wormwood, in dem er ihm erklärt, wie man die Menschen zum Bösen verführen und von ihrem Glauben abbringen kann. Die Briefe sind ausschließlich vom Standpunkt der Teufel aus geschrieben, so dass Gott als der „Feind" vorkommt, die Menschen werden wie Tiere geschildert, die man täuschen und lenken kann.

Lewis arbeitete sehr schnell und mit großer Ausdauer an den einzelnen Briefen, einunddreißig insgesamt, und veröffentlichte sie zunächst in einer anglikanischen Kirchenzeitung, dem *Guardian*. Anfang 1942 erschienen sie in Buchform und waren sofort ausverkauft. Der Verleger musste nachdrucken, und die Nachfrage ist seitdem nicht mehr abgerissen. Die große Popularität des Buches

Im sicheren Oxford blieb Lewis – im Gegensatz zu den meisten seiner Landsleute – von den Auswirkungen des Zweiten Weltkriegs weitgehend verschont. Viele Londoner mussten während der Bombenangriffe versuchen, wenigstens auf den überfüllten Bahnsteigen der U-Bahn ein wenig Ruhe zu finden. Sie bekamen schon bald den Spitznamen „Sardinenschläfer".

ist zum Teil wohl auch darauf zurückzuführen, dass Lewis inzwischen eine eigene Reihe bei der BBC hatte, die schon bald eine treue und große Zuhörerschaft verzeichnen konnte. Dazu war es so gekommen: Lewis hatte den Auftrag erhalten, in verschiedenen Stützpunkten der Royal Air Force Vorträge über Fragen von Christentum und Moral zu halten, und hatte sich dabei einen Namen als guter und überzeugender Redner gemacht. In der Folge wurde er von der BBC angesprochen und gebeten, diese Vorträge im Radio zu wiederholen, und so war er ab 1941 jeden Mittwochabend um Viertel vor acht im Rundfunk zu hören. Seine Sendungen waren bald so beliebt, dass sie in den folgenden drei Jahren unter dem Titel *Broadcast Talks*, *Christian Behaviour* und

Beyond Personality nacheinander in Buchform veröffentlicht wurden. Lewis verfasste seine Vorträge am Fenster seines Studierzimmers sitzend umständlich von Hand, da er nie gelernt hatte, Schreibmaschine zu schreiben. Die Originale der Manuskripte warf er anschließend fort, weil, wie er sagte, im Haus ohnehin nie genug Platz sei. Seine Leser haben nie aufgehört, ihm für seine Schriften zu danken, seine Biographen allerdings haben es ihm nie ganz verziehen, dass er nicht mehr der Originalmanuskripte aufbewahrt hat.

Mit den *Screwtape Letters* war Lewis bei den Lesern der endgültige Durchbruch gelungen. „Ich habe nicht vor zu erklären, wie der Briefwechsel, den ich hier veröffentliche, in meine Hände geraten ist", so beginnt das Buch. „Es gibt zwei Irrtümer über die Teufel, in die das Men-

Lewis' Blick scheint zu verraten, dass ihm die Kamera nicht ganz geheuer ist. Mit technischen Dingen konnte er sich nie anfreunden und benutzte auch nie eine Schreibmaschine.

schengeschlecht leicht verfällt. Sie widersprechen sich und haben doch dieselbe Auswirkung. Der eine ist, ihre Existenz überhaupt zu leugnen. Der andere besteht darin, an sie zu glauben und sich in übermäßiger und ungesunder Weise mit ihnen zu beschäftigen. Die Teufel selbst freuen sich über beide Irrtümer gleichermaßen. Sie begrüßen den Materialisten wie den Anhänger der schwarzen Magie mit demselben Vergnügen ... Der Leser möge nicht vergessen, dass der Teufel ein Lügner ist." In einem der geistreichsten und bezeichnendsten Briefe dieses Buches rät Screwtape seinem Schüler, sich um das Ver-

Die Dorfkirche von Headington Quarry, Lewis' Wohnort. Auf dem Weg zur Kirche kam ihm zum ersten Mal der Gedanke, ein Buch über die Machenschaften des Teufels zu schreiben. Daraus entstand The Screwtape Letters.

Der ungeheure Erfolg der Screwtape Letters machte Lewis weltweit bekannt und brachte ihn 1947 sogar auf die Titelseite des Time Magazine.

hältnis seines Opfers zu seiner Mutter zu kümmern, als es mit dem Gedanken spielt, Christ zu werden. „Halte enge Verbindung mit Glubose, der die Mutter betreut. Erarbeitet in Übereinstimmung miteinander in diesem Hause feste Gewohnheiten, die zu dauernden gegenseitigen Verärgerungen Anlass geben; kleine tägliche Nadelstiche! Die folgenden Methoden haben sich als erfolgreich erwiesen."

Screwtape beschreibt dann, wie Wormwood dafür sorgen soll, dass die Gebete des Menschen stets voll „geistlichen" Gehalts sind und sich mehr mit dem Seelenzustand seiner Mutter befassen als mit ihrem Rheuma. Dann wird er die wirkliche Frau und das, was ihr im Alltag wichtig ist, bald nicht mehr sehen. Er empfiehlt Wormwood, daran zu arbeiten, dass seinem Opfer der Tonfall der Mutter, ihr Gesichtsausdruck und irgendwelche beiläufigen Bemerkungen immer mehr auf die Nerven fallen. Kleine Schritte führen zum Sieg, behauptet Screwtape. Seine Ratschläge ziehen sich durch das ganze Buch und sind, im wahrsten Sinne des Wortes, teuflisch. Trotzdem gelingt es Wormwood nicht, seinen Auftrag zu erfüllen und den ihm zugewiesenen Menschen vom Glauben an Gott fern zu halten, und Screwtape endet seine Briefe mit der erschreckenden Erklärung:

> Wenn wir nur seine wirkliche Absicht entdecken könnten! O weh, o weh!, dass jene an sich so hassenswerte und widerliche Erkenntnis dennoch die einzig notwendige Voraussetzung zu seiner Macht sein soll! Manchmal könnte ich fast verzweifeln. Alles, was mich aufrechterhält, ist die Überzeugung, dass unser Wirklichkeitssinn, unsere Zurückweisung (angesichts aller Versuchungen) alles blöden Unsinns und Klimbims am Ende gewinnen muss! Inzwischen habe ich mit dir noch eine Rechnung zu begleichen. Mit höchster Hingabe zeichne ich dein dir in stetig zunehmender, heißhungriger Liebe verbundener Oheim Screwtape.

Lewis hatte nun einen Bekanntheitsgrad erreicht, den er sich nie hatte vorstellen können. Er erhielt unzählige Briefe aus aller Welt. Manche sahen in ihm einen modernen Propheten, einen Mann, der auf jede Frage eine Antwort hatte. Das irritierte ihn, obwohl er sich bemühte, jeden Brief, der ihm zugeschickt wurde, so gut wie möglich zu beantworten.

1941 hatte er geholfen, mit einer Gruppe von Studenten in Oxford den „Socratic Club“ zu gründen, dessen Vorsitzender er bis 1954 blieb. Es handelte sich um einen christlichen Debattierclub. Zentraler Punkt der Zusammenkünfte war der Wettstreit zwischen jeweils einem christlichen Redner und einem Zweifler oder Atheisten. Die Treffen, die in der ganzen Universität mit hellgrünen Plakaten angekündigt wurden, begannen am Abend um Viertel nach acht und endeten etwa gegen halb elf. Sie waren außerordentlich beliebt. Lewis hatte oft die Rolle des Hauptredners zu übernehmen, und in seinem Bemühen, den Gegner zu widerlegen, kannte er kein Pardon. Er war dabei so erfolgreich, dass es mit der Zeit schwierig wurde, Atheisten zu finden, die den Mut hatten, sich ihm zu stellen, und in der Folge wurden aus den Debatten zahme Streitereien zwischen

Lewis war ein großer, kräftiger Mann. Er behauptete einmal, er sei nur deshalb Schriftsteller geworden, weil die Natur ihn von Geburt an mit einer völligen Unfähigkeit bedacht habe, irgendetwas mit seinen Händen herzustellen.

Christen, die hier ihre Meinungsverschiedenheiten austrugen. Manche Beobachter der vorgegebenen Kontroversen waren allerdings überrascht, wenn nicht sogar verärgert, über die Aggressivität, mit der Lewis die Debatten bestritt. Er gebrauchte seine Intelligenz und seinen Intellekt, aber auch seine Redegewandtheit und seinen messerscharfen Geist. Er war ein beschlagener Christ, ein großer, mächtiger Mann, und wenn er eine Sache als einen guten Kampf betrachtete, dann war er auch bereit, Gefühle zu verletzen. Man darf sich Lewis nicht als einen zögerlichen und schüchternen Mann vorstellen, dem mehr um sein geistliches Leben und die zukünftige Welt zu tun war als um die Gegenwart. Obwohl er der Meinung war, diese Welt sei nur so etwas wie ein Ankleidezimmer, in dem wir auf die nächste, größere vorbereitet werden, war er doch ein Mensch aus Fleisch und Blut, der auch die sinnlichen Aspekte des Lebens zu schätzen wusste, ob es nun um ein gutes Glas Wein oder Bier, eine gute Mahlzeit oder eine Pfeife Tabak ging. Er hatte nur wenig Geduld mit Menschen, die ihm nicht zustimmen wollten oder konnten. Er respektierte andere Meinungen, wenn sie intelligent vertreten wurden, hatte aber keine Achtung vor hohler Opposition. Wenn er ein Heiliger war, wie manche glauben, dann war er auf jeden Fall ein glaubhafter, menschlicher Heiliger und nicht eine unwirkliche Karikatur ohne Fehler.

Es gab Menschen, die behaupteten, Lewis sei lieber mit Tieren als mit Menschen zusammen. Das ist zwar so nicht wahr; es kann aber kein Zweifel daran bestehen, dass er die Tiere, die ihm bei seinen Wanderungen durch die englische Landschaft begegneten, gern beobachtete, die Eichhörnchen, Dachse, Füchse, Biber, Kaninchen und Vögel. Es war beinah, als ob sie reden könnten, dachte er. Wäre es nicht wunderbar, wenn irgendjemand sie in einem Buch zum Leben erwecken könnte?

Doch ehe er diese Ideen weiterverfolgen konnte, gab es noch anderes zu tun, waren andere Bücher zu schreiben. 1943 erschien *Perelandra*, der zweite Band der Sciencefiction-Trilogie. Wieder ist Ransom die Hauptfigur. Dem Buch fehlen aber die packende Handlung und die leichte Lesbarkeit seines Vorgängers. Zwar gibt es eine Reihe von sehr schönen Bildern – eine grüne Frau, schwimmende Inseln, riesige Blasenbäume und -früchte – und Formulierungen, die im Gedächtnis haften bleiben. So beschreibt Lewis den ersten Donner als „mehr ein Lachen des Himmels als ein Toben". Dazu kommt eine Reihe recht origineller Tiere, wie zum Beispiel die delphinartigen Fische, die den Menschen über das Wasser tragen, insgesamt jedoch reicht die Geschichte nicht an die von Lewis gewohnte Qualität heran. Ransom wird zu einer beinahe christusähnlichen Figur, die bereit ist, jedes Opfer auf sich zu nehmen, das von ihr gefordert wird, um die Welt von Perelandra zu retten. Er geht hinab in die Unterwelt und ersteht wieder zu neuem Leben. Lewis versucht hier etwas von seinem unumstößlichen Glauben an Jesus Christus als seinen Erlöser zum Ausdruck zu bringen. „Christus

Die christliche Nächstenliebe konnte für Lewis die verschiedensten Formen annehmen. Während des Zweiten Weltkriegs, als Kinder wie diese aus London evakuiert wurden, um sie vor den ständig drohenden Bombenangriffen in Schutz zu bringen, nahm auch er einige in „The Kilns" auf.

hat die vollkommene Unterwerfung und Demütigung auf sich genommen: vollkommen, weil er Gott war, Unterwerfung und Demütigung, weil er Mensch war", schrieb er an anderer Stelle einmal über den Mann, dem er sein Leben geweiht hatte. „Der Christ glaubt nun, dass er, wenn er irgendwie an der Demut und dem Leiden Christi teilhat, auch an Jesu Sieg über den Tod teilhaben und nach seinem eigenen Tod ein neues Leben finden wird, in dem er selbst vollkommen und vollkommen glücklich sein kann."

Für Lewis hatte das auch ganz praktische Auswirkungen. Die meiste Zeit seines Lebens gab er ein Zehntel seiner gesamten Einkünfte für wohltätige

Zwecke. Er half anderen Menschen so unauffällig wie möglich, und als während des Krieges die Kinder aus den größeren Städten Englands aufs Land geschickt wurden, um sie dort vor möglichen Bombenangriffen in Sicherheit zu bringen, war es ganz selbstverständlich, dass auch er sein Heim für diese Flüchtlinge öffnete. Mrs Moore lebte noch immer bei ihm in „The Kilns", und auch sie hatte durchaus nichts dagegen, ein paar junge Leute – die mit anfassen konnten – in den Haushalt aufzunehmen. Einer dieser Gäste war ein sechzehn Jahre altes katholisches Mädchen namens June Flewett. Auch wenn sie letztendlich nur die Sommerferien in „The Kilns" verbrachte, verdanken wir ihr doch einen Eindruck davon, wie Lewis in den vierziger Jahren lebte. Dieser June Flewett, die *The Screwtape Letters, The Problem of Pain* und *Out of the Silent Planet* als ihre Lieblingsbücher nannte, war nicht bewusst, bei wem sie in dem großen, unordentlichen Haus untergekommen war. Sie meinte, Lewis sei Mrs Moores Sohn. Es machte ihr aber großen Eindruck, wie Lewis Mrs Moore jeden Abend das Bett vorbereitete und ihr jeden Wunsch von den Augen ablas. Er las ihr jeden Abend vor, bis sie eingeschlafen war, und hörte geduldig und verständnisvoll zu, wenn die inzwischen alt gewordene Frau über ihre Gesundheit klagte. Flewett staunte auch darüber, wie Lewis mit dem Gärtnergehilfen umging, der nach „The Kilns" geschickt worden war, um bei der Gartenarbeit zu helfen und Erfahrungen zu sammeln. Der Mann war behindert und in seiner geistigen Entwicklung etwa auf der Stufe eines Achtjährigen stehen geblieben. Er konnte weder lesen noch schreiben, wollte aber beides gern lernen. Lewis verbrachte unzählige Stunden mit dem Mann, schnitt Pappschilder zurecht und malte Zeichnungen und Buchstaben darauf, um ihm das Alphabet beizubringen. Trotz seiner Intelligenz, mit der er sich von den meisten Menschen abhob, verhielt Lewis sich doch wie ein ganz normaler Mensch.

Lewis merkte natürlich nichts von den Beobachtungen der neuen Mitbewohnerin, und er hätte dafür auch gar keine Zeit gehabt, denn er war viel zu sehr in die Arbeit an seinem neuen Buch, *That Hideous Strength* (dt. *Die böse Macht*) vertieft, um auf irgend etwas anderes zu achten. Es war der letzte Band der dreiteiligen Sciencefiction-Reihe. Nach seinen Reisen durch den Weltraum kehrt Dr. Ransom endgültig zur Erde zurück. Doch auch wenn er nun eigentlich im Ruhestand ist, haben die Abenteuer noch kein Ende. Eine böse Macht hat sich verschworen, die Menschheit zu versklaven. Mit Hilfe des wieder auferstandenen Zauberers Merlin fordert Ransom die Mächte des Bösen heraus. Auch hier wieder finden sich überaus deutliche Anspielungen auf den christlichen Glauben, und das Buch wurde von den Lesern genauso begeistert aufgenommen wie seine Vorgänger. „Das Buch steckt voller ungeheuer guter Ideen", schrieb Dorothy Sayers, die Autorin der Geschichten von Lord Peter Wimsey, und in der *New York Times* hieß es, das Buch sei „bril-

Mrs Moore mit ihrem Hund. Die etwas eigenartige Beziehung zwischen Lewis und Mrs Moore war wohl auch von falschen Pflicht- und Schuldgefühlen geprägt. Ihr Tod war für Lewis eine Befreiung.

lant und geistreich, es bietet eine ungeheuer absurde Spannung und ist voller interessanter Verwicklungen".

Doch Lewis konnte sich mit solchem Triumph nicht begnügen. 1944 erschien *The Abolition of Man* (dt. *Die Abschaffung des Menschen*), eine knappe und eindrucksvolle Verteidigung des Naturrechts als einer der wesentlichen Säulen des Christentums. Das Naturrecht sagt, der Mensch habe sich einem unveränderlichen Wertsystem gemäß zu verhalten, das alle Menschen aufgrund ihrer eigenen Natur in sich tragen. Ein Baby zum Beispiel ist von Natur aus schwach und abhängig, und deshalb sagt uns die Natur, wir müssten ihm helfen und es beschützen. Ein anderer Fall wäre, wenn ein allem Anschein nach kräftiger Mensch den Bus besteigt und einen alten und offensichtlich gebrechlichen Mitfahrer auffordert, seinen Platz freizumachen. Natürlich wären alle empört, weil das in ihrer Natur liegt. Lewis geht aber noch weiter. Wir sind mit unserer Natur, unserem Wesen von Gott geschaffen. Wenn wir also im Einklang mit unserer Natur leben, dann bedeutet das, dass wir auch in Übereinstimmung mit dem Willen Gottes leben. Lewis schreibt, dass die meisten Menschen noch bis vor kurzem an ein fest gefügtes Wertsystem glaubten. Inzwischen aber waren Hitler und Stalin an die Macht gekommen, und es lief eine ganze Menge schief in dieser Welt. Deshalb war es wichtig, die früheren Kategorien von Gut und Böse, von Richtig und Falsch zu kennen und zu ihnen zurückzukehren. „Das Buch ist ein wirklicher Erfolg", sagte Owen Barfield, Lewis' Freund, aber auch einer seiner sachlichsten Kritiker. „Es mag sein, dass es noch andere zeitgenössische Schriften gibt, in denen sich solche gedankliche Schärfe, lebendiger Ausdruck und Aussagekraft so glücklich vereinen, mir ist allerdings noch keine in die Hände gekommen."

Lewis war dadurch sehr ermutigt, war aber viel zu ungeduldig, um lange im Ruhm zu baden. In seinem Kopf jagten sich die Gedanken, und er wollte sich nun endlich daranmachen, ein neues Projekt, eine neue Idee, neue Geschichten, ja eine ganze neue Welt zu schaffen. Die Zeit war reif für Narnia.

KAPITEL 4

Narnia

„Wer ist Aslan?", fragte Suse.

„Aslan?", antwortete Herr Biber. „Das wisst ihr nicht? Er ist der König … Er wird Tumnus retten, nicht ihr, liebe Kinder."

„Ist … ist er … ein Mensch?", fragte Lucy.

„Aslan ein Mensch?" sagte der Biber empört. „Keine Rede davon! Ich habe euch doch gesagt, dass er der König der Wälder ist und der Sohn des Großen Königs jenseits der Meere. Wisst ihr denn nicht, wer der König der Tiere ist? Aslan ist ein Löwe, der Löwe, der große Leu."

„Oh", rief Suse. „Ich dachte, er sei ein Mensch. Ist man denn auch sicher vor ihm? Vor einem Löwen habe ich Angst."

„Das macht nichts, mein Kind, du sollst auch Angst haben", sagte die Biberin. „Wenn jemand vor Aslan erscheint, ohne dass ihm die Knie zittern, dann ist er entweder unerhört mutig oder bloß ein Narr."

DER KÖNIG VON NARNIA

Lewis erklärte einmal einem Freund, wie sicher er sei, dass es den Himmel, die Erlösung und ein Leben nach dem Tode gebe. „Es liegt alles nur hinter der Tür“, sagte er und zeigte auf die Tür eines Oxforder Vorlesungssaales. „Wirklich, mehr ist nicht dabei, einfach durch die Tür, und es ist gar nicht schwer, sie zu öffnen und hindurchzugehen. Gott will die Tür gar nicht schließen, das können nur wir selbst tun.“ Es war dieser Glaube an ein zukünftiges Leben, der Lewis half, mit dem Verlust seines Freundes Charles Williams fertig zu werden. Die beiden hatten viel Zeit miteinander verbracht, nicht nur bei den Treffen der Inklings, sondern auch bei anderen Gelegenheiten. Williams war ihm Ratgeber und Gefährte gewesen, er war immer da, wenn Lewis ihn brauchte.

Der Lektor und Autor war am Tag nach dem Ende des Zweiten Weltkriegs erkrankt und bald darauf gestorben. Lewis war zutiefst erschüttert. Bei der Beerdigung auf dem St.Cross-Friedhof war er sichtbar bewegt und durcheinander. Und doch schien der Tod des Freundes in einer eigenartigen Weise seinen Glauben an Gott und das Christentum zu stärken. Er hatte das Gefühl, Williams sei noch immer bei ihm und man könne seinen Geist beinahe berühren. In einem Brief schrieb er: „All das Gerede, man

‚fühle ihn näher als je zuvor', ist nicht nur Gerede. Genauso empfindet man auch."

Im Gedenken an Charles Williams und um den Frieden, der nun wieder in der Welt eingekehrt war, gebührend zu begehen, organisierten Lewis und ein paar Freunde von den Inklings eine Siegesfeier, eine Ferienreise nach Fairford in Gloucestershire. Lewis, sein Bruder und Tolkien übernachteten im „Bull Inn" und genossen die gute Küche. Gemeinsam wanderten sie durch die englische Landschaft, verweilten in den Dorfkirchen zu einem kurzen Gebet und erzählten einander Geschichten, die sie entweder bereits in Oxford zu schreiben begonnen oder sich gerade ausgedacht hatten. Sie lachten viel, und es wurde ihnen bewusst, dass es selbst nach dem Tod ihres Freundes noch vieles gab, wofür sie dankbar sein konnten.

Zurück in Oxford erwartete sie wieder der graue Alltag. Die in den Ferientagen genossene Freiheit schien weit zurückzuliegen. Lewis war auf der akademischen Leiter noch nicht so weit vorangekommen wie Tolkien, ja, in manchen Oxforder Kreisen war er sogar eher unpopulär. Das sollte für ihn immer ein Problem bleiben. Viele seiner Studenten brachten ihm die größte Bewunderung entgegen, aber er entsprach nicht ganz dem Bild, das man sich von einem Professor machte – er sagte, was er dachte; er hatte religiöse Ansichten; und er weigerte sich, den richtigen Leuten das Richtige zu sagen. Genau genommen fehlte ihm einfach der entsprechende Ehrgeiz. Wie also sollte es weitergehen? Er war ein geschätzter christlicher Apologet, er konnte komplizierte Gedanken hervorragend ausdrücken, er war ein erfolgreicher Schriftsteller. Aber trotz allem hatte er das Gefühl, es müsse noch etwas anderes zu tun, noch mehr zu erreichen geben. Damit hatte er nicht Unrecht, aber zunächst hatte dieses Andere noch zu warten.

1947 veröffentlichte Lewis ein Buch mit dem Titel *Miracles* (dt. *Wunder*). Es ist eines seiner ernstesten und in sich geschlossensten Bücher, eine Untersuchung darüber, ob das Universum, wie wir es sehen und spüren können, das einzige ist oder ob es darüber hinaus noch eine andere Welt gibt, eine Welt, die wir nicht sehen können und die nicht aus dem gleichen Stoff geschaffen ist, die aber dennoch existiert, eine Geistwelt, in der wir selbst nur ein winziger Teil des Ganzen sind. Er nahm hier in schriftlicher Form den Kampf mit all jenen Zynikern auf, die sich beklagen, warum sie nie ein Wunder sehen, wenn es denn so etwas wie Wunder gibt.

> Wahrscheinlich haben Sie ganz Recht, wenn Sie glauben, niemals Augenzeuge eines Wunders zu werden. Sie geschehen bei großen Gelegenheiten: Man findet sie an den wichtigen Knotenpunkten der Geschichte – nicht der historischen oder sozialen Geschichte, sondern jener geistigen Geschichte, die der Mensch nicht voll erkennen kann. Wenn sich Ihr Leben gerade nicht in der Nähe eines solchen Knotenpunktes vollzieht, wie sollten Sie dann Zeuge eines Wunders werden? Wären wir heldenhafte Missionare, Apostel oder Märtyrer, so wäre das etwas anderes. Aber warum gerade Sie oder ich? Wenn man nicht neben einem Bahngeleise lebt, sieht man auch keine Züge an seinem Fenster vorbeifahren. Wie groß ist die Wahrscheinlichkeit, dass Sie oder ich anwesend sein werden, wenn ein Friedensvertrag unterzeichnet wird, wenn eine große wissenschaftliche Entdeckung gemacht wird oder wenn ein Diktator Selbstmord begeht? Dass wir Zeugen eines Wunders werden, ist sogar noch unwahrscheinlicher.

Das Buch löste im „Socratic Club" heftige Diskussionen aus und führte zu einer der wenigen Niederlagen, die Lewis in seinem Leben hinnehmen musste. Elizabeth Anscombe, eine junge Philosophin, die später eine Professur für Philosophie in Cambridge erhielt, war eine feurige, leidenschaftliche Diskussionspartnerin, eine Frau, die keine Auseinandersetzung scheute. Vor ihrer Einsetzung in Cambridge zum Beispiel riet man ihr, während der Zeremonie einen Rock zu tragen und keine Hosen. Sie schien sich der Anweisung zu beugen und erschien in einem langen dunklen Rock. Doch als sie den Anstellungseid ablegen sollte, schlug sie den Rock zur Seite, und darunter kam ein Paar Hosen zum Vorschein. Obwohl sie fast exhibitionistische Züge zeigte, war sie eine profunde Denkerin und als Lehrerin äußerst befähigt. Dazu war sie praktizierende Katholikin. Gerade als Christin aber konnte sie mit vielem, was Lewis über Wunder geschrieben hatte, nicht übereinstimmen.

Die Diskussion fand am 2. Februar 1948 statt, einem kalten, unwirtlichen Abend. Der Saal war bis auf den letzten Platz besetzt, das Publikum war gespannt, welcher der beiden Kontrahenten das Rennen gewinnen würde. Anscombe gebrauchte ihre Brillanz, ihre gewohnte und bewährte Argumentationstechnik und ihr Verständnis von Logik und Philosophie, um Lewis in die Ecke zu drängen und als einen Mann hinzustellen, der mit den modernen Ideen nicht vertraut war. Weil Anscombe ebenfalls Christin war, konnte Lewis seine gewohnten Methoden, mit denen er bei Atheisten so erfolgreich war, hier nicht einsetzen. Egal, was er auch ins Feld führte, seine Gegnerin wusste zu kontern und ihn zu widerlegen. Lewis parierte, befand sich aber bald in der Defensive, und das war er nicht gewohnt. Die Zuhörer waren schockiert. Anscombe war ihm als Philosophin und Diskussionspartnerin schlichtweg überlegen. Lewis zog in diesem Vergleich den Kürzeren.

Er war perplex. Damit hatte er nicht gerechnet, und er hatte auch noch nie zuvor die Gefühle erlebt, die sich nach einer Niederlage einstellen. Einem Freund vertraute er an, seine ganze Begründung für die Existenz Gottes sei ins Wanken geraten. Das aber war nicht der Fall, und das hatte Anscombe auch gar nicht beabsichtigt. Auch sie glaubte ja an Gott. Lewis versank in Verzweiflung und war gezwungen, seinen Glauben neu zu durchdenken. Und in dieser Zeit der Finsternis ging ihm auf einmal auf, was geschehen war: Er durchlebte selbst die Demütigung des Kreuzes, und wie er selbst in der Vergangenheit so oft gesagt hatte, ist der Stolz der Feind des christlichen Glaubens und gedemütigt zu werden eher eine Hilfe als ein Hindernis auf dem Weg der Nachfolge. Schließlich war auch Jesus zusammen mit zwei gewöhnlichen Verbrechern auf schreckliche, blutige Weise hingerichtet worden, obwohl er der Sohn Gottes war. Weiter hinab hätte es nicht gehen können. Und wenn das dem Messias selbst geschah, argumentierte Lewis, warum sollte es seinen ganz gewöhnlichen Nachfolgern dann nicht ebenso ergehen? Lewis ging aus den Anfechtungen gefestigt und als ein besserer Mensch hervor. Und auch sein schriftstellerischer Ansatz hatte sich nun geändert. Er schrieb keine Bücher zur christlichen Apologetik mehr. Zwar kam 1952 noch *Mere Christianity* (dt. *Pardon, ich bin Christ*) heraus, seine brillante Einführung in Sinn und Verständnis des christlichen Glaubens. In Wirklichkeit handelte es sich dabei jedoch um eine Zusammenstellung dreier bereits früher erschienener Werke. Von jetzt an konzentrierte Lewis sich auf die Kinderliteratur.

Lewis' erstes Kinderbuch. Viele Bekannte befürchteten, sein Ruhm als Autor ernst zu nehmender Erwachsenenbücher würde unter der Veröffentlichung leiden.

Zum ersten Mal war ihm 1939 der Gedanke gekommen, eine Kindergeschichte zu schreiben. Eines der evakuierten Kinder hatte damals ein besonderes Interesse an einem Kleiderschrank gezeigt, der in „The Kilns“ stand, und Lewis gefragt, was sich dahinter verberge und ob man auf der anderen Seite wieder aus dem Schrank herauskomme. Der Gedanke hatte Lewis fasziniert, und er hatte das Bild seitdem nicht mehr aus seinem Kopf vertreiben können. Die meisten Menschen wünschen sich ja irgendwann, oft wenn es ihnen gerade nicht so gut geht, sie könnten diese Welt einfach hinter sich lassen, und man meint, irgendwie würden dadurch alle Probleme gelöst und alle Träume könnten wahr werden. Türen und Fenster führen ganz offensichtlich in einen anderen Teil unserer Welt, aber wie ist es mit einem Schrank, einem dunklen, warmen, geheimnisvollen Kleiderschrank, dessen Rückwand irgendwie verborgen, aber doch ganz nah ist? Was kann sich dort drinnen nicht alles verbergen? Ist dort nicht alles möglich?

Der Gedanke an einen verzauberten Schrank hatte ja Lewis selbst schon in Kindertagen fasziniert, seit damals, als er *The Aunt and Anabel* von Edith Nesbit gelesen hatte. Auch hier führte solch ein Wandschrank in eine neue, besondere Welt. Und auch *The Secret Garden* von Frances Hodgson Burnett hatte einen bleibenden Eindruck hinterlassen. Hier wird ein vormals hübscher und gepflegter Garten vernachlässigt und abgeschlossen, als seine Besitzerin, eine schöne, freundliche Frau, stirbt und ihr Mann, Mr Craven, über den Verlust nicht hinwegkommt. Ein kleines Mädchen entdeckt schließlich den Garten und stellt den alten Zustand wieder her. Damit erweckt sie auch in Mr Craven wieder die Liebe zum Leben und zu seinem Sohn. In der ganzen Geschichte geht es letztlich um das, was manche Menschen eine Wiedergeburt nennen, eine Art Auferstehung von den Toten.

Ein anderes Bild, das Lewis seit Teenagertagen mit sich herumtrug, war ein Faun, der mit einem Schirm und ein paar Paketen in der Hand durch

Lewis im Jahre 1919. „Jedes gute Buch sollte man mindestens alle zehn Jahre wieder lesen", davon war er überzeugt. Eines seiner liebsten Kinderbücher war Der geheime Garten *von Frances Hodgson Burnett.*

einen schneebedeckten Wald wanderte. Der Schrank und der Faun, zusammen mit einer „Königin auf einem Schlitten" und einem „prächtigen Löwen", das waren die Ausgangspunkte für Lewis' erstes Kinderbuch, das den Titel trug *The Lion, the Witch and the Wardrobe* (dt. *Der König von Narnia*).

Lewis hatte, nicht nur was Kinderbücher anging, eine ziemlich fest gefügte Meinung. In einer Vorlesung sagte er einmal: „Ich bin fast geneigt, daraus eine Regel zu machen, dass eine Kindergeschichte, die nur bei Kindern ankommt, eine schlechte Geschichte ist. Gute Geschichten haben Bestand." Er war der Ansicht, die besten Geschichten für junge Leute müssten auch die Eltern ansprechen, und das ist bei *The Lion, the Witch and the Wardrobe* sicherlich der Fall. Lewis hatte beim Schreiben immer verschiedene Aspekte im Auge, und so schrieb er in seinen Kinderbüchern auch vom christlichen Glauben und der Erlösung der Menschheit durch Gott. Er gebrauchte Symbole und veranschaulichte Teile der Bibel – wie die Schöpfung oder den Sündenfall – durch Tiere und Kinder. Aslans Bereitschaft, für einen Jungen, der etwas Unrechtes getan hat, zu sterben, und seine spätere Rückkehr ins Leben basieren ganz deutlich auf der Geschichte von Jesus Christus. Wenn Edmund den Verlockungen der bösen Königin nachgibt, dann erzählt Lewis in Wirklichkeit von Adam und Eva und davon, wie in der Bibel diese ersten Menschen von einem Baum eine Frucht pflücken, obwohl Gott es ihnen untersagt hat. Doch selbst wenn wir die religiösen Anspielungen außer Acht lassen, ist *The Lion, the Witch and the Wardrobe* eine faszinierende und unvergessliche Geschichte, und Lewis sagte zu einem Freund, ihm wäre es lieber, die Kinder würden sich einfach an dem Buch freuen und sich erst später, wenn sie älter wären, über die religiösen Dinge Gedanken machen. *The Lion, the Witch and the Wardrobe* ist ein Buch über die Finsternis und das Licht, über das Gute, welches das Böse besiegt, über Hoffnung und Güte. Wie alle gute Literatur spricht es Menschen auf vielen verschiedenen Ebenen an.

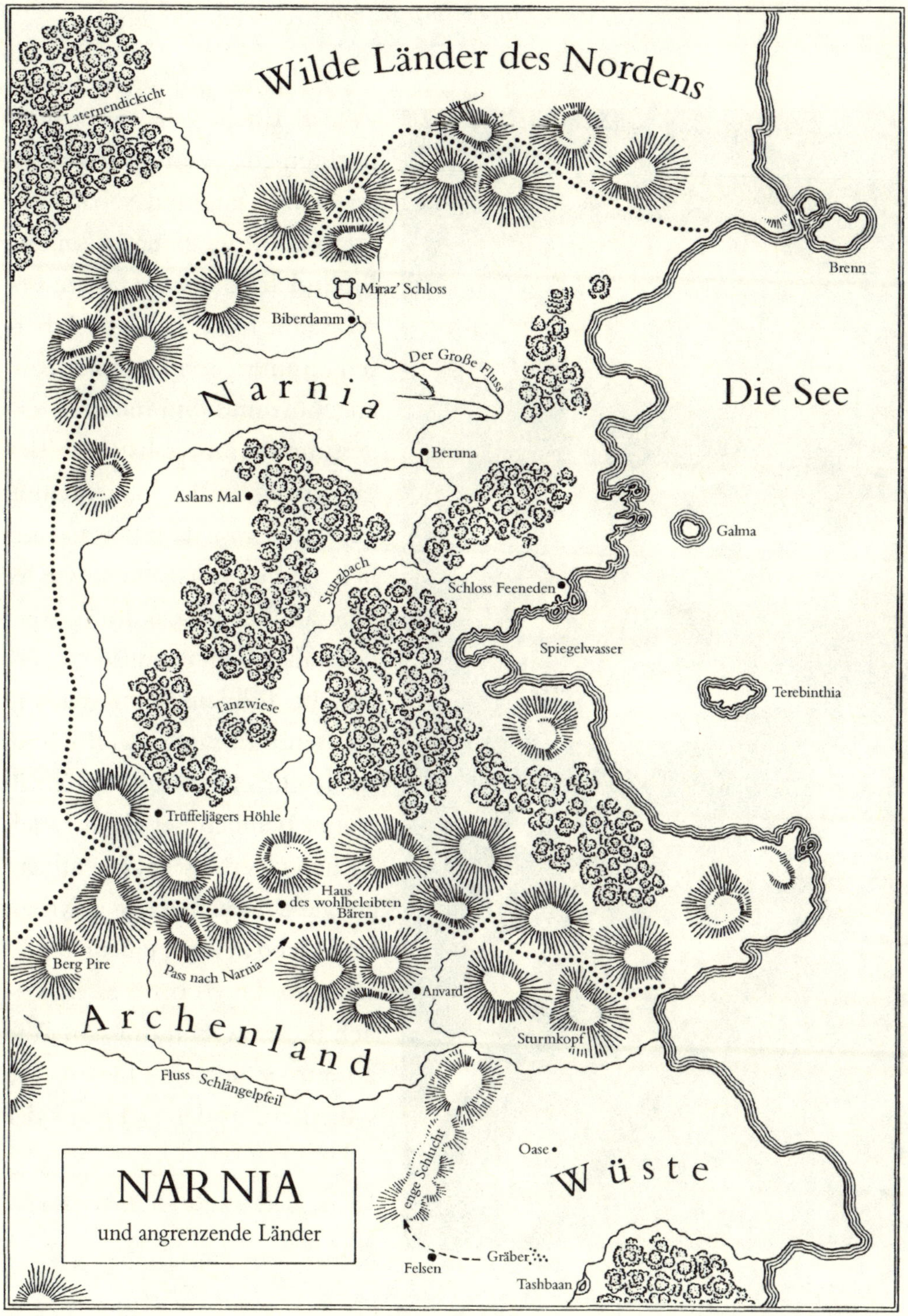

NARNIA
und angrenzende Länder

J.R.R. Tolkien kurz vor seinem Tod im Jahre 1973.

Das Buch war um Weihnachten 1948 zum größten Teil abgeschlossen, und sobald Lewis konnte, gab er es seinem Freund Tolkien zum Lesen. Lewis selbst hatte Tolkiens Arbeiten immer sehr aufmerksam zugehört und ihm meistens zugestimmt, immer hatte er Begeisterung und Unterstützung gezeigt. Es ist darum verständlich, dass er von Tolkien wieder eine ähnliche Reaktion erwartete, aber leider wurde er enttäuscht. Tolkiens Kritik war vernichtend. Er sagte, das Buch sei nicht nur ein völliger Reinfall, wahrscheinlich sei daran auch nichts zu verbessern. Es enthalte zu viele verschiedene Mythen und Ideen in einer einzigen Geschichte. Lewis hätte es eigentlich besser wissen müssen. Wie konnte er nur eine Geschichte schreiben, in der nicht nur der

Weihnachtsmann, sondern dazu auch noch böse Königinnen, sprechende Tiere und Kinder vorkommen? Die Kritik des verehrten Freundes verletzte Lewis natürlich sehr, und sein Vertrauen in seine Kreation war zutiefst erschüttert. Nur den positiven Reaktionen und der Begeisterung anderer Freunde ist es zu verdanken, dass uns dieser Klassiker erhalten blieb, sonst hätte Lewis unter Tolkiens Angriffen womöglich klein beigegeben und das Buch fortgeworfen. Wir hätten *The Lion, the Witch and the Wardrobe* nie kennen gelernt.

Tolkien war allerdings nicht der Einzige, der mit dem Buch Probleme hatte. Lewis' Verleger, Geoffrey Bles, war der Ansicht, ein Kinderbuch könne Lewis' Ruf schädigen. Dazu schrieb Lewis später an einen Fan des Buchs: „Dabei gefällt es den Kindern, und ich staune, wie gut manchmal schon ganz Kleine es verstehen. Ich glaube, manchen Erwachsenen macht es Angst, aber nur wenigen Kindern."

Das Buch erzählt, wie vier Kinder – Peter, Suse, Edmund und Lucy – bei einem alten Professor in einem einsamen Landhaus Ferien machen. „Ich glaube, wir haben Schwein gehabt", sagte Peter. „Hier scheint es geradezu blendend. Der alte Knabe lässt uns ganz sicher tun und lassen, was wir wollen." Bei einem Spiel versteckt sich Lucy in einem Kleiderschrank und stellt fest, dass er in ein Land namens Narnia, in einer anderen Welt gelegen, führt. Dieses Land wurde von einem Löwen namens Aslan erschaffen, hier können die Tiere sprechen und es herrscht eine gute Macht. Doch dann tritt eine böse Hexe auf, Jadis, und die Welt wird gespalten in Dunkelheit und Licht. Zweieinhalbtausend Jahre lang liegen die beiden Mächte im Widerstreit, bis endlich das Gute siegt. Das ist gleichzeitig das Ende von Narnia und das Ende jener Welt.

Lucy weiß von all dem natürlich nichts, als sie ihren Geschwistern zum ersten Mal von ihrer Entdeckung erzählt, und sie kann ihnen auch nichts davon berichten, bevor nicht Edmund selbst Narnia entdeckt. Er wird mit türkischem Honig und dem Versprechen, Geschenke und Macht zu bekommen,

Übersicht über die – bekannte – Geschichte Narnias nach einem Entwurf von C. S. Lewis

Narnianische Zeitrechnung		*Englische Zeitrechnung*	
		1888	Geburt von Digory Kirke (Ketterly).
		1889	Geburt von Polly Plummer.
1	Erschaffung von Narnia. Die Tiere lernen sprechen. Digory pflanzt den Baum des Friedens. Die Weiße Hexe Jadis gelangt nach Narnia, flieht aber in den fernen Norden. Frank I. wird König von Narnia.	1900	Polly und Digory werden mit Hilfe der Zauberringe nach Narnia gebracht.
180	Prinz Col, der jüngere Sohn König Franks V. von Narnia, führt eine Schar seiner Gefolgsleute in das (noch nicht bewohnte) Archenland und wird der erste König dieses Landes.		
204	Einige Geächtete aus Archenland fliehen durch die südliche Wüste und gründen das neue Reich der Kalormenen.	1927	Geburt von Peter Pevensie.
		1928	Geburt von Suse Pevensie.
		1930	Geburt von Edmund Pevensie.
300	Das Reich von Kalormen breitet sich aus. Die Kalormenen kolonisieren das Land Telmar im Westen von Narnia.	1932	Geburt von Lucy Pevensie.
		1933	Geburt von Eustachus Knilch und Jill Pole.
302	Die Kalormenen in Telmar verhalten sich äußerst böse, und Aslan verwandelt sie in stumme Tiere. Das Land liegt brach. König Gale von Narnia befreit die einsamen Inseln von einem Drachen und wird von ihren dankbaren Einwohnern zum Kaiser ernannt.		
407	Olvin von Archenland tötet den Riesen Pire.		
460	Piraten aus unserer Welt nehmen Telmar ein.		
570	Etwa zu dieser Zeit lebt Mondholz, der Hase.		
898	Die Weiße Hexe Jadis kehrt aus dem fernen Norden nach Narnia zurück.		
900	Der lange Winter beginnt.		
1000	Die Pevensies treffen in Narnia ein. Edmunds Verrat. Opfer Aslans. Die Weiße Hexe wird besiegt, der lange Winter geht zu Ende. Peter der Prächtige wird König von Narnia.	1940	Die Pevensies verbringen die Ferien bei Digory Kirke, der inzwischen Professor ist, und gelangen durch den verzauberten Wandschrank nach Narnia.

Narnianische Zeitrechnung		*Englische Zeitrechnung*	
1014	König Peter führt einen erfolgreichen Feldzug gegen die Riesen des Nordens. Königin Suse und König Edmund besuchen den Hof der Kalormenen. König Lune von Archenland findet seinen verlorenen Sohn Prinz Cor wieder und wehrt einen hinterhältigen Angriff des Prinzen Rabadasch von Kalormen ab.		
1015	Die Pevensies jagen den Weißen Hirsch und verschwinden aus Narnia.		
1050	Ram der Große folgt Cor auf dem Thron von Archenland.		
1502	Etwa um diese Zeit lebt Königin Schwanenweiß von Narnia.		
1998	Die Telmarer fallen in Narnia ein und erobern das Land. Kaspian I. wird König von Narnia.		
2290	Prinz Kaspian, Sohn von Kaspian IX., wird geboren. Kaspian IX. wird von seinem Bruder Miraz getötet, der den Thron an sich reißt.		
2303	Prinz Kaspian entflieht seinem Onkel Miraz. In Narnia kommt es zum Bürgerkrieg. Mit Hilfe von Aslan und den Pevensies, die Kaspian mit Königin Suses Zauberhorn herbeiruft, wird Miraz besiegt und getötet. Kaspian wird König Kaspian X. von Narnia.	1941	Durch das Zauberhorn werden die Pevensies erneut nach Narnia gerufen.
2304	Kaspian X. besiegt die Riesen des Nordens.		
2306–7	Kaspian X. unternimmt seine große Reise zum Ende der Welt.	1942	Edmund, Lucy und Eustachus gelangen erneut nach Narnia und nehmen an Kaspians Reise teil.
2310	Kaspian X. heiratet Ramandus Tochter.		
2325	Geburt von Prinz Rilian.		
2345	Die Königin wird von einer Schlange getötet. Rilian verschwindet.		
2356	Eustachus und Jill erscheinen in Narnia und retten Prinz Rilian. Tod von Kaspian X.	1942	Eustachus und Jill werden von der Experimentalschule fort nach Narnia getragen.
2534	Ausbruch der Geächteten beim Laternendickicht. Wachtürme werden errichtet.		
2555	Aufstand des Affen Listig. König Tirian wird von Eustachus und Jill gerettet. Narnia ist in der Hand der Kalormenen. Der letzte Kampf. Ende von Narnia. Ende der Welt.	1949	Schwerer Eisenbahnunfall.

von einer Weißen Hexe verführt, die in Wirklichkeit niemand anders ist als die böse Hexe Jadis, die vor langer Zeit einen Apfel vom Baum des Lebens gegessen hat. Sie ist eine böse Herrscherin, die einen Fluch über Narnia ausgesprochen hat, so dass dort zwar immer Winter herrscht, es aber nie Weihnachten wird. Als die Narnianer darum den Weihnachtsmann sehen, der den Kindern verschiedene Geschenke gibt, die ihnen im Kampf helfen sollen, da wissen sie, dass sich die Dinge nun zum Besseren wenden werden. Mit Hilfe der guten Tiere von Narnia, den Bibern und ihren Freunden, gelangen die Kinder zu Aslan, dem christusgleichen König. Obwohl sie Aslan noch nie gesehen haben, weckt er in ihnen ganz erstaunliche Empfindungen, als ein Biber verkündet, Aslan sei unterwegs. „Jedes Kind fühlte eine andere Erregung in sich aufsteigen: Edmund einen ungeheuren geheimnisvollen Schrecken; Peter plötzlichen Mut und Abenteuerlust; Suse einen köstlichen Duft in der Luft, während herrliche Klänge sie überfluteten; Lucy aber war es wie an einem Sommermorgen, wenn die großen Ferien begannen.“

Aslan opfert schließlich sein Leben, um Edmunds Verrat an seinen Geschwistern zu sühnen. Durch einen größeren Zauber ersteht er aber zu neuem Leben, es kommt zu einem Kampf zwischen Gut und Böse, und Aslan und seine Anhänger besiegen die Hexe, die bösen Zwerge und die mörderischen Wölfe. Die vier Kinder werden zu Königen und Königinnen von Narnia und regieren das Land mit großer Weisheit. Am Ende des Buches und viele Jahre später sind die vier auf der Jagd nach einem verzauberten weißen Hirsch, der, wenn er gefangen wird, Wünsche erfüllt. Auf der Jagd finden sie den Laternenpfahl, der vor langen Jahren den Eingang zu dem Kleiderschrank markiert hatte. „Und als sie wieder einige Schritte gegangen waren, führte der Weg nicht mehr durch Zweige, sondern Mäntel streiften sie, und gleich darauf purzelten sie gemeinsam aus einer Wandschranktür in ein leeres Zimmer hinein und waren nicht mehr Könige und Königinnen in Jagdgewändern, sondern Peter, Suse, Edmund und Lucy in ihren Alltagskleidern. Es war noch derselbe Tag, dieselbe Stunde, zu der sie sich im Wandschrank versteckt hatten." Sie erklären alles dem Professor, der gar nicht überrascht scheint und ihnen rät, sie sollten nicht versuchen, Narnia wieder zu finden, sie würden von selbst wieder dorthin gelangen, wenn sie es am wenigsten erwarteten. „Und das ist wirklich das Ende der Abenteuer im Wandschrank. Doch wenn der Professor Recht hat, war es erst der Anfang der Abenteuer in Narnia."

Und so war es auch. Sobald *The Lion, the Witch and the Wardrobe* beendet war, begann Lewis mit der Arbeit an einem weiteren Buch der Reihe. Es trug den Titel *Prince Caspian* (dt. *Wiedersehen in Narnia* bzw. neu *Prinz Kaspian*),

Illustration von Pauline Baynes aus der Originalausgabe von The Horse and His Boy.

darf aber nicht als Erstes der Narnia-Reihe betrachtet werden. Am Ende gab es sieben Bücher, die am besten in der folgenden Reihenfolge gelesen werden: *The Magician's Nephew* (dt. *Das Wunder von Narnia*), dann *The Lion, the Witch and the Wardrobe* (dt. *Der König von Narnia*), *The Horse and His Boy* (dt. *Der Ritt nach Narnia*), *Prince Caspian* (dt. *Wiedersehen in Narnia* bzw. neu *Prinz Kaspian*), *The Voyage of the Dawn Treader* (dt. *Ein Schiff nach Narnia* bzw. neu *Die Reise auf der ‚Morgenröte'*), *The Silver Chair* (dt. *Die Tür nach Narnia* bzw. neu *Der silberne Sessel*) und schließlich *The Last Battle* (dt. *Der letzte Kampf*). In diesen sieben Büchern findet sich die gesamte Geschichte von Narnia.

Die Bücher wurden in den nächsten sechs oder sieben Jahren jeweils im Abstand von etwa einem Jahr geschrieben und veröffentlicht. Es ist interessant und vielleicht etwas irritierend, dass Lewis sie nicht in der Reihenfolge schrieb, in der sie zu lesen sind, doch so arbeitete er nun einmal. Wenn ihm eine Geschichte einfiel, dann schrieb er sie sofort auf, über die Abfolge machte er sich erst später Gedanken. Auf die Qualität der Geschichten hat das allerdings keinen Einfluss.

Im ersten Buch wird erzählt, wie Narnia seinen Anfang nahm, der Schauplatz wird entworfen, und wir lernen einige Personen kennen, die in den Folgebänden wieder auftauchen werden. Das dritte Buch, *The Horse and His Boy* (dt. *Der Ritt nach Narnia)*, berichtet von Shasta und seinem Pferd Bree, die aus dem gefährlichen Land der Kalormenen in das sichere Narnia unterwegs sind. Die gefährliche Reise führt sie vorbei an Furcht erregenden Gräbern, durch gefährliche Wüsten und schreckliche Gebirge. Am Ende des Buches sieht sich der junge Shasta gezwungen, seine Furcht zu besiegen, und macht sich selbst mit den Worten Mut: „Wenn ich diesmal kneife, werde ich mein ganzes Leben lang kneifen. Jetzt oder nie."

In *Prince Caspian* (dt. *Prinz Kaspian*) warten die vier Kinder aus *The Lion, the Witch and the Wardrobe* auf den Zug, der sie zurück zur Schule bringen soll,

Erste Ausgabe von The Voyage of the Dawn Treader *aus dem Jahre 1952.*

als sie plötzlich auf wunderbare Weise nach Cair Paravel, ihrem alten Schloss in Narnia, gebracht werden. Doch hier wie im ganzen Land herrschen nicht mehr Glück und Freude, stattdessen tobt ein Bürgerkrieg. Der junge Prinz Kaspian will endlich wieder Ordnung schaffen, und mit Hilfe von Aslan und den vier Kindern versucht er seinen Auftrag zu erfüllen.

The Voyage of the Dawn Treader (dt. *Die Reise mit der ‚Morgenröte'*) verlagert die Narnia-Geschichten aufs Meer. Edmund und Lucy, die jüngeren der vier Kinder, betrachten das Bild eines riesigen Schiffes, an dessen Bug ein Drachen prangt, als der Rahmen plötzlich verschwindet und die beiden selbst zu einem Teil des Bildes werden. Sie stürzen in die Wellen und werden von dem Schiff gerettet. An Bord befindet sich Prinz Kaspian. Gemeinsam segeln sie zu den Einsamen Inseln, um dort die sieben besten Freunde von Kaspians Vater zu suchen.

In *The Silver Chair* (dt. *Der silberne Sessel*) begegnen uns zwei Kinder namens Jill und Eustace. Sie begeben sich auf die Suche nach Rilian, Kaspians Sohn, der von einem Rachefeldzug nicht zurückgekommen ist. Sie begegnen Riesen, die mit Felsbrocken um sich schleudern, riesigen Kannibalen und einer

Fred Paxford, Gärtner und Faktotum in „The Kilns". Er diente als Vorbild für die Figur des „Trauerpfützler" in Der silberne Stuhl. *Er betrachtete das Gewächshaus von „The Kilns" als seinen ganz privaten Bereich, vor dem sogar Lewis warten musste, bis er zum Eintreten aufgefordert wurde.*

der bemerkenswertesten Gestalten der Narnia-Geschichten, Puddleglum oder „Trauerpfützler", einer eigenartigen Kreatur, die ständig jammert und klagt und immer nur das Schlimmste befürchtet, sie aber trotzdem in Sicherheit bringt.

Die Serie endet mit dem Band *The Last Battle* (dt. *Der letzte Kampf*), in dem, wie der Titel bereits andeutet, der letzte Kampf um Narnia geschildert wird. Jill und Eustace kämpfen in den Reihen des Königs von Narnia gegen die Feinde Aslans, und in dieser letzten Auseinandersetzung gesellen sich nun auch wieder Peter, Suse, Edmund und Lucy zu ihnen. Das Buch und die Geschichte von Narnia enden mit den Worten: „Ihr ganzes Leben in dieser irdischen Welt und alle ihre Abenteuer in Narnia waren nur der Umschlag und

Lewis freute sich über die Briefe, die er von seinen jungen Bewunderern erhielt. In der hier abgebildeten Antwort an Jean Thomson, die Leiterin der Kinderabteilung in der öffentlichen Bibliothek von Toronto, berichtet er von der erfrischenden Ehrlichkeit, mit der die Kinder seine Bücher oft kommentierten.

MAGDALENE COLLEGE,
CAMBRIDGE.

7/5/58

Dear Miss Thomson

Thank you very much for your most kind letter of May 2nd. It was a great treat for me. Children's criticisms are delightfully unlike most modern adult criticism because they talk about the work itself instead of parading themselves. C. Palumbo will possibly go far; in his bit about "the sad parts" he is already on the verge of the distinction between tragic and merely depressing experience.

I am glad you collect children's remarks on lots of other books. They might provide you with material for an interesting study of the whole subject some day.

With very many thanks,

Yours sincerely

C. S. Lewis

das Titelblatt gewesen. Nun erst beginnen sie das erste Kapitel der großen Geschichte, die noch keiner auf Erden gelesen hat, der Geschichte, die ewig weitergeht und in der jedes Kapitel besser ist als das vorangegangene."

Auch wenn man es im Rückblick kaum glauben mag, waren die Buchbesprechungen nicht besonders gut, und die Verkäufe liefen demzufolge eher schleppend. Manche ärgerten sich über Lewis, weil sie ihn als Autor von Erwachsenenbüchern schätzten und meinten, er solle keine Kinderbücher schreiben. Man darf dabei nicht vergessen, dass Lewis damals, wie auch heute, tatsächlich vor allem als Verfasser ernsthafter Erwachsenenliteratur galt. Er selbst jedoch war der Ansicht, Schreiben sei Schreiben, wer die Sachen später lese, sei weitgehend unerheblich. Der Erfolg eines literarischen Werkes solle nicht am Alter der Leser gemessen werden, worauf es ankomme, das sei der Einfluss, den ein Buch auf den Leser habe.

Der besondere Charme der Bücher sprach sich aber bald herum und strafte alle schlechten Kritiken Lügen. George Sayer, ein Oxforder Freund von Lewis, fasste die Faszination der Narnia-Geschichten wohl besonders gut zusammen. Seine Stieftochter, so erzählte er, habe angefangen zu weinen, als sie alle Märchen zu Ende gelesen hatte, und gesagt: „Ich will nicht mehr in dieser Welt leben. Ich will bei Aslan in Narnia sein." Ähnlich äußerten sich viele der jungen Leser. Sie schrieben Lewis und baten ihn, noch mehr Narnia-Geschichten zu schreiben. Einem dieser Verehrer antwortete er in der ihm eigenen Weise: „Vielen Dank für deinen Brief und die Bilder. Wirklich, du hast großes Glück, dass du eine Rüstung hast; ich hätte sehr gern eine gehabt, als ich ein Junge war, aber ich habe nie eine bekommen. Die Sorte, die du hast, würde besser zu Wikingern etc. passen als zu Arthurs Rittern. Was deine Frage angeht, ob ich nicht mehr als sieben Narnia-Bücher schreiben könnte – ist es nicht besser, aufzuhören, wenn die Leute immer noch mehr haben wollen, als weiterzumachen, bis sie die Geschichten satt haben?"

KAPITEL 5

Und Freude kam in mein Leben

Es ist ziemlich sinnlos, an die Tür des Himmels zu klopfen, um irdischen Trost zu erhalten. Diese Art von Trost findet man dort nicht.

LETTERS OF C. S. LEWIS

Hätte Gott all die dummen Gebete erhört, die ich mein Lebtag an ihn gerichtet habe, wo stünde ich jetzt?

DU FRAGST MICH, WIE ICH BETE

Im Januar 1951 starb Mrs Moore, die so lange Jahre in „The Kilns“ gelebt hatte, an einer Grippe. Obwohl das für Lewis ein trauriger Anlass war, wurde er dadurch doch auch einer Reihe von Verpflichtungen entbunden, die im Laufe der Zeit zu einer immer größeren Belastung geworden waren. Die Arbeit hatte in der letzten Zeit sehr zugenommen. Da waren die Narnia-Bücher, die öffentlichen Vorträge und die Vorlesungen an der Universität. Briefe waren zu beantworten. Dazu kam die Arbeit an einer wissenschaftlichen Veröffentlichung mit dem Titel *English History in the Sixteenth Century Excluding Drama*. Sie war Teil der „Oxford History of English Literature“, von Lewis immer unbeschwert als OHEL bezeichnet, und genoss einen sehr guten Ruf. Das Buch wurde zwar nie so bekannt wie die Narnia-Geschichten, festigte aber seinen Ruf als Wissenschaftler und wird auch heute noch gern von Studenten gelesen, die eine engagiertere und leichter lesbare Auslegung zum Thema suchen, als die meisten Lehrbücher sie bieten. Lewis hätte nun in Oxford eine Beförderung verdient und rechnete auch fest da-

Die Seufzerbrücke beim St. John's College in Cambridge. Der Student, der gerade unter der Brücke hindurchpaddelt, hat sein Boot mit einem Segel ausgerüstet.

Das Magdalene College in Cambridge. „Es bedeutet weniger Arbeit für mehr Geld", schrieb Lewis über den Wechsel von Oxford nach Cambridge.

mit, es wurde aber schon bald deutlich, dass seine Hoffnungen sich nicht erfüllen würden. Einer seiner Biographen, A.N. Wilson, hat dazu angemerkt, dass wohl vor allem der Snobismus und das überhebliche Elitedenken von Lewis' Oxforder Rivalen dafür verantwortlich waren. Was Lewis am weiteren Vorwärtskommen hinderte, waren laut Wilson „*Mere Christianity* und die *Screwtape Letters*. Einmal, dass er diese Bücher überhaupt geschrieben hatte. Weit abträglicher jedoch war die Tatsache, dass sie bis heute noch von Millionen von Menschen gelesen werden." Mit anderen Worten, einige seiner akademischen Kollegen waren der Meinung, wenn ein Werk populär sei, dann könne es keine gute Literatur sein. Lewis erhielt schließlich doch noch den erwünschten Posten, musste dafür allerdings ans Magdalene College in Cambridge übersiedeln. Dort war eine Professur für mittelalterliche und Renaissanceliteratur eingerichtet worden, mit der Lewis 1955 betraut wurde. In Cambridge fühlte er sich äußerst wohl. Die Stadt gefiel ihm besser als Oxford, und auch die Haltung der dortigen Professorenschaft kam ihm mehr entgegen als die der früheren Kollegen in Oxford. Er bedauerte jedoch den Verlust seiner gemütlichen Räume in Oxford. Da er sich auch von „The Kilns“ nicht trennen wollte, hielt er sich nur während des Trimesters in Cambridge auf und kehrte mit Ferienbeginn sofort nach Oxford zurück. Dennoch war Cambridge für ihn so etwas wie eine Offenbarung.

Die Anfänge der zweiten großen alten Universität Englands neben Oxford lassen sich bis ins dreizehnte Jahrhundert zurückverfolgen. Cambridge ist größer als Oxford; die Universität liegt etwas außerhalb der Stadt; die Colleges – Christ College, Trinity College, Magdalene College oder King's College, um nur einige zu nennen – sind von großen Grünflächen umgeben, kleine Flüsse durchziehen die Parks, auf denen Schwäne schwimmen und bunt gekleidete Studenten ihre Boote rudern. Oft haben Oxford und Cambridge im Wettstreit miteinander gelegen, als Universität ebenso wie als Ort von historischer Bedeutung. Während des Bürgerkriegs hielt König Karl in Oxford Hof. Zu Beginn des siebzehnten Jahrhunderts besuchte Oliver Cromwell in Cambridge die Vorlesungen. Cromwells Ehrgeiz kannte keine Grenzen, und genauso sprengen der Himmel, die Felder und die Schönheit um Cambridge alle Begriffe. Selbst heute noch kann man zwischen kleinen, überfüllten Buchläden Cafés, Restaurants und Antiquitätenläden finden, die mit Waren aus viktorianischer Zeit vollgestopft sind. Wer bei Nacht durch Cambridge geht, der fühlt sich in ein anderes Jahrhundert zurückversetzt.

Doch nicht hier in Cambridge, sondern bereits in Oxford hatte Lewis einen Briefwechsel mit einer Amerikanerin namens Joy Davidman, verheiratete Joy Gresham, begonnen.

Am 10. Januar 1950 hatte er den üblichen Stapel Post in Empfang genommen, Bitten um ein Autogramm, Bewunderung für seine Werke, Bitten um Rat bei schwierigen Problemen. Lewis' Bruder Warnie erinnerte sich später daran, dass sie zunächst dachten, Joy sei nur ein weiterer amerikanischer Fan, bemerkte aber, dass sie schon bald regelmäßig schrieb und ihre Briefe „unterhaltsam und geistreich“ waren. Die meisten dieser Briefe existieren nicht mehr, wir wissen aber von ihrem Inhalt aus einem Brief, den Joy an einen Bekannten, den amerikanischen Schriftsteller Chad Walsh, schrieb:

> Ich habe gerade einen Brief von Lewis erhalten. Habe ich Dir nicht erzählt, dass ich ihm zwei oder drei kritische Fragen gestellt habe? Meine Zeit, er hat mir ganz schön den Teppich unter den Füßen weggezogen; jeder Schuss ein Volltreffer. Und was noch erstaunlicher ist, ich habe es richtiggehend genossen. Von einem solchen Meister der Debattierkunst geschlagen zu werden, nach allen Regeln der Kunst – das scheint mir eines der größten Vergnügen im Leben zu sein, obwohl ich mir das in meinen selbstherrlichen Jugendjahren nie hätte träumen lassen. Ich vermute, dass nur unfaires Argumentieren Wunden hinterlässt. Aber so, wie Lewis das macht, geht es mir wie einem Kunsthandwerker, der sich am Werk eines überlegenen Künstlers freut.

Es war bald offensichtlich, dass Lewis ein besonderes Interesse an dieser Frau empfand. Das war etwas erstaunlich, denn obwohl er sich so lange um Mrs Moore gekümmert hatte und die Frauen, die er näher kannte – wie zum Beispiel Dorothy L. Sayers, Sister Penelope und Rose Macaulay –, durchaus schätzte, war er nie eine engere Beziehung eingegangen, außer vielleicht für

Lewis mit seinem Bruder Warnie. Die Geschwister verstanden sich ausgezeichnet und waren einander ebenso Bruder wie Freund. Trotz der anfänglichen Befürchtung, die Beziehung Jacks zu Joy Davidman könne sich zwischen sie schieben, schloss auch Warnie Joy bald ins Herz.

kurze Zeit in jungen Jahren. Allerdings war seine Mutter gestorben, als er noch sehr jung war, und in Oxford und auch in Cambridge erlebte er Frauen nur als Studentinnen. Seine Freunde waren fast ausschließlich Männer, und die wenigen Frauen, die er kannte, waren größtenteils Kolleginnen. Man konnte also durchaus davon ausgehen, dass Lewis, der inzwischen zweiundfünfzig Jahre alt war, den Rest seiner Tage als Junggeselle verbringen würde.

So wäre es wohl auch gekommen, wenn da nicht die Briefe dieser Joy Davidman gewesen wären. Diese energische, hochintelligente Frau war 1915 in New York geboren. Ihre Eltern waren Juden, hatten sich aber vom jüdischen Glauben abgewandt. Joy war schon als Kind eine Leseratte. Ihre Liebe zu Ideen und Literatur pflegte sie am Hunter College und später an der Columbia University weiter, die sie mit einem M.A. für Englisch abschloss. Sie arbeitete zunächst als Lehrerin. In ihrer Freizeit schrieb sie Gedichte. Sie war eine gute, vielleicht sogar sehr gute Dichterin. Ihr Versepos *Letter to a Comrade* wurde 1938 mit dem Yale Poetry Award ausgezeichnet. Auch *Anya*, ein Roman über das bäuerliche Leben in der Ukraine in der Zeit um die Jahrhundertwende, wurde von den Kritikern gelobt, und für eine Weile arbeitete sie als Drehbuchschreiberin in Hollywood. Sie war überdies aktive Kommunistin. In der Partei lernte sie auch William Lindsay Gresham kennen, einen überzeugten Atheisten. Er war geschieden und litt unter psychischen und Alkoholproblemen; außerdem war er als Frauenheld bekannt. Dennoch verliebten sich die beiden. Sie heirateten, und schon bald kamen im Abstand von nur einem Jahr ihre beiden Kinder zur Welt, David und Douglas.

William Gresham hatte durchaus Talent, war aber sehr unausgeglichen. Auch er war Schriftsteller und hatte einige Erfolge, mit Fehlern jedoch konnte er nicht umgehen und war auch nicht geeignet für eine dauerhafte

Beziehung, ob in der Ehe oder als Vater. Er vernachlässigte die Familie, und die Ehe verschlechterte sich zusehends. Schwierigkeiten wurden zu Problemen, und aus Problemen wurden Krisen. Eines Abends rief er Joy an und sagte, er komme nicht nach Hause. Dann legte er den Hörer auf. Joy saß allein mit ihren beiden Kindern und wusste weder, wo sich ihr Mann befand, noch ob sie ihn jemals wieder sehen würde. Sie war verzweifelt und hatte Angst. „All mein Widerstand – die Wälle der Arroganz und Selbstsicherheit, der Eigenliebe, hinter denen ich mich vor Gott versteckt hatte, fielen in einem Augenblick – und Gott kam in mein Leben", schrieb sie später über diese Nacht. Dann hatte sie so etwas wie eine übernatürliche oder religiöse Erfahrung. Sie spürte, oder wusste, plötzlich, dass jemand mit ihr im Raum war, „eine Person, die so wirklich war, dass mein eigenes Leben im Vergleich dazu wie ein Schattenspiel wirkte". Als das Gefühl vorbei war, fand sie sich betend auf den Knien liegen und war sich völlig sicher, dass es einen Gott gab, dass er sie kannte, um ihre Probleme wusste und sie liebte. Von diesem Augenblick an war sie überzeugte Christin. Ihr Mann kam schließlich wieder zurück, und Joy erzählte ihm von ihrem Erleben. Zunächst stand er der Sache aufgeschlossen gegenüber und besuchte zusammen mit seiner Frau den Gottesdienst der presbyterianischen Gemeinde an ihrem Ort. Es dauerte jedoch nicht lange, bis es mit der Ehe wieder bergab ging.

Joy begann die Bücher von Lewis zu lesen. Sie war gefesselt, fasziniert, begeistert. Nachdem sie ihm mehrmals geschrieben und auch jedesmal eine Antwort erhalten hatte, beschloss sie, nach England zu reisen und den Verfasser der Bücher und Briefe, die ihr so sehr geholfen hatten, persönlich aufzusuchen. Eine ihrer Freundinnen erklärte sich bereit, in der Zwischenzeit auf die beiden Jungen aufzupassen, und Joy schrieb an Lewis und fragte ihn, ob sie ihn zusammen mit einer ihrer Freundinnen zum Essen einladen dürfe.

Er schrieb zurück und lud die beiden ein, in seinen Räumen in Oxford zu essen. Als Vierter im Bunde war Lewis' Freund und Biograph George Sayer dabei. Er schilderte die Begegnung als einen vollen Erfolg:

> Joy war mittelgroß, hatte eine gute Figur, dunkles Haar und eher scharfe Züge. Sie war eine amüsante, geschliffene New Yorkerin, und Jack war entzückt über ihre Direktheit und ihre anti-amerikanischen Ansichten. Alles, was sie in England sah, erschien ihr so viel besser als das, was sie zurückgelassen hatte. So sagte sie zum Beispiel über das Glas Sherry, das wir vor dem Essen tranken: Das nenne ich zivilisiert. In den Staaten geben sie einem so viel hartes Zeug, dass man schon zu Beginn der Mahlzeit betrunken ist und zum Schluss einen richtigen Kater hat. Sie war anti-städtisch und sprach sehr engagiert über die Unmenschlichkeit der Wolkenkratzer, der Technik und des Lebens in New York ... Nach der Mahlzeit bat sie, dass man ihr das College zeigte. Ihre Begeisterung, ihr Interesse und die vielen unverschämten Fragen brachten uns oft zum Lachen. Wahrscheinlich hat aber auch der gute Wein zu unserer Fröhlichkeit beigetragen.

Jack lud Joy ein, einige Tage bei ihm und seinem Bruder in „The Kilns“ zu verbringen. Warnie war stolz darauf, dass „wir sie behandelten wie einen Mann“; sie tranken Bier, aßen im Pub zu Mittag und alberten mit ihr herum. Joy schien das alles nichts auszumachen; im Gegenteil, sie genoss geradezu die Aufmerksamkeit und die Unterhaltung mit Gleichgesinnten. Man traf sich wieder im Dezember 1952, und Lewis lud sie ein, Weihnachten bei ihnen in Oxford zu verbringen. Sie sagte gern ja.

Man stelle sich dies Weihnachtsfest in „The Kilns“ einmal vor: Draußen fällt der Schnee, das gemütliche Haus wird von einem großen Feuer erhellt und erwärmt; auf Stühlen und Tischen liegen Bücher und Papier; Lewis, Warnie und Joy bereiten das Weihnachtsessen vor; Geschenke werden aus-

Joy Davidman. Sie war für Lewis wie ein Wunder, und ihre Beziehung gehört zu den großen Romanzen der literarischen Welt.

gepackt, Jack lacht, als er seins in der Hand hält, Joy bedankt sich für das ihre. Es gibt Tee, heiße Schokolade, Bier, am Abend Truthahn-Sandwiches, und man redet über das Wesen von Weihnachten. Jack sagt: „Ich empfinde dasselbe wie Sie, wenn ich an das Riesengeschäft denke, das man aus Weihnachten gemacht hat", und dann unterhält man sich über den wirklichen Zauber, dass ein kleines Kind, schreiend und völlig wehrlos, in diese Welt hineingeboren wird, das einmal der Herr dieser Welt sein wird. Joy hing an jedem Wort. Lewis sang ein paar Lieder, man las sich gegenseitig aus den Arbeiten vor, mit denen man gerade beschäftigt war, und tauschte sich darüber aus. Man ging spazieren. Die Gegend um „The Kilns" war nicht sehr gut beleuchtet; es war dunkel und man konnte die Sterne sehen und die Bilder, die sie an den Himmel zeichneten. Es war ein ganz besonderer Tag und eine ganz besondere Nacht.

Kurz vor ihrer Abreise erhielt Joy einen Brief von ihrem Mann aus den Vereinigten Staaten. Mit kalten, dürren Worten erklärte er, er liebe eine andere Frau und wolle sich von Joy scheiden lassen. Es war ein ungeheuerlicher Brief. Er sagte Joy, diese neue Frau sei die Richtige, weil es ihr nur darum ginge, „sich um ihren Mann und die Kinder zu kümmern und ihnen ein Heim zu schaffen". Damit verabschiedete er Joy aus seinem Leben. Nur als Mutter der Kinder gestand er ihr noch eine Rolle zu. Wäre Joy in Amerika gewesen, hätte sie sich wahrscheinlich hingesetzt und an Lewis geschrieben. Nun aber saß sie in Oxford neben ihm. Warum sollte sie ihn nicht hier und jetzt um seinen Rat fragen? Das tat sie auch, und er riet ihr, in die Scheidung einzuwilligen, ihren Mann zu verlassen und die Kinder mitzunehmen. Aus christlicher Überzeugung lehnte Joy diesen Rat ab und versuchte, der Ehe mit ihrem Mann in Amerika noch einmal eine Chance zu geben. Aber er hatte wieder angefangen zu trinken, die Affäre mit der anderen Frau hielt an, und es wäre hoffnungslos und dumm, womöglich auch gefährlich, gewesen, wenn Joy bei ihm geblieben wäre. So wurde also die Scheidung vollzogen, und weil ihre finanzielle Situation nicht allzu rosig war und sie meinte, das Leben in England sei sicher billiger, zog Joy mit ihren beiden Söhnen über den Atlantik.

Sie schickte die Jungen nach Dane Court, einer sehr teuren Privatschule in Surrey, und es ist mit ziemlicher Sicherheit anzunehmen, dass Lewis sie dabei finanziell unterstützte. Joy selbst begann sich journalistisch zu betätigen, um ein wenig Geld zu verdienen, ihre Situation war aber längst nicht geklärt. Im Dezember 1953 nahm sie die Jungen mit zu einem Besuch bei Lewis in „The Kilns". Der Aufenthalt wurde ein voller Erfolg. „Letzte Woche war eine Dame aus New York mit ihren zwei Jungen bei uns zu Besuch", schrieb Lewis an einen seiner zahlreichen Brieffreunde in Amerika. „Kannst du dir zwei verknöcherte alte Junggesellen in solch einer Situation vorstellen? Aber es klappte hervorragend, obwohl es sehr, sehr anstrengend war; die Energie kleiner Amerikaner ist in der Tat erstaunlich. Für diese beiden war ein Querfeldeinmarsch von fünf Kilometern nur ein

Der berühmte Turm des Magdalen College, eine der vielen Sehenswürdigkeiten, die Lewis Douglas und David, Joys beiden Söhnen, bei ihrem ersten Besuch in Oxford zeigte.

Zwischenspiel in einem Tag ununterbrochener Aktivität, und als wir mit ihnen auf dem Turm im Magdalen waren, sagten sie, kaum dass sie wieder auf dem Erdboden standen: ‚Gehn wir noch mal!'"

Joy hatte sich Sorgen darüber gemacht, wie Lewis wohl auf ihre Söhne reagieren würde. Wie David und Douglas mit Lewis zurechtkommen könnten, beschäftigte sie nicht so sehr, da die beiden bereits Narnia-Fans waren. Sie hatte jedoch keinen Grund zur Beunruhigung. „Die Lewis' waren begeistert von den beiden", schrieb sie. „Jack wurde wieder ganz Schuljunge und stürmte mit den Jungen voraus, immer dorthin, wo das Gestrüpp am dornigsten, der Matsch am größten und die Böschungen am steilsten waren. Warnie und ich zuckelten hinterher und kamen uns schrecklich alt vor." Die Lewis-Brüder brachten David das Schachspielen bei, und Douglas lernte, wie man Holz für den Kamin sägt. „Sie sind durchaus keine Musterknaben, aber nach unseren Maßstäben sind sie erstaunlich weit; man kann sich mit ihnen unterhalten wie mit Erwachsenen – und im nächsten Augenblick balgen sie sich auf dem Stubenboden herum wie junge Hunde", schrieb Lewis.

Der achtjährige Douglas hatte noch ein anderes Erlebnis. Als Erwachsener erinnerte er sich daran, dass er zunächst recht enttäuscht war. „Wenn man ... Bücher über Drachen tötende Prinzen gelesen hat, dann muss doch der Mann, der sie geschrieben hat, zumindest Schwert und Rüstung tragen, und das tat Jack nicht. Er ging ziemlich vornübergebeugt und hatte unter dürftigem Haar ein ausgeprägtes, humorvolles Gesicht; er sah aus wie ein gütiger, freundlicher alter Mann, aber mit der Vorstellung von einem Mann, der Heldensagen schrieb, passte er nicht zusammen. Die Enttäuschung dauerte jedoch nur etwa fünf Minuten." Im Korridor des Hauses entdeckte Douglas einen mächtigen alten Kleiderschrank. Ihm stockte fast der Atem. Konnte er das sein, war das der Schrank, die Tür nach Narnia? Lewis lächelte und erwiderte geheimnisvoll, das sei durchaus möglich. Noch Jahre später wagte Douglas es nicht, einen Mantel in den Schrank zu hängen.

Auch dem neunjährigen David gefiel der Besuch, und er schätzte Lewis sehr. Als David später zum Judentum übertrat, das seine Mutter wegen ihres christlichen Glaubens aufgegeben hatte, versuchte Lewis nie, ihn erneut zum Christentum zu bekehren, sondern bat sogar verschiedene jüdische Freunde um Rat, wie er David bei der Ausübung seines Glaubens helfen könne, zum Beispiel was die koschere Küche anging. Hier kommt etwas von seiner toleranten Einstellung gegenüber anderen Religionen zum Ausdruck, und man kann wohl sagen, dass Lewis in seinem ganzen Leben nie irgendwelche Spuren von religiösem Fanatismus zeigte.

Der Besuch ging zu Ende. Lewis wandte sich

Der Kleiderschrank, durch den Lewis zur Unsterblichkeit gelangte.

wieder dem Schreiben zu, Joy schickte die Kinder zurück in die Schule und widmete sich ihren eigenen Gedichten und dem Journalismus. Sie beendete ein Buch, *Smoke on the Mountain* (dt. *Rauch über dem Berg*), zu dem Lewis ein Vorwort verfasst hatte. Das Buch verkaufte sich gut, jedoch nicht gut genug, um Joy ein schuldenfreies Leben zu ermöglichen. Wieder half Lewis aus. Inzwischen war es offensichtlich, dass die beiden eine tiefe Zuneigung verband. Es gebe keine andere Möglichkeit, sagte Lewis, wenn sie mit den beiden kleinen Jungen und so wenig Geld und Unterstützung überleben wolle, dann müsse sie nach Oxford kommen. Im Sommer 1955 zog sie in ein Haus, das nur etwa eine Meile von „The Kilns" entfernt lag, und Lewis bestand darauf, die Miete zu zahlen. Nun sahen sie sich täglich, und allen Freunden, vor allem aber Warnie, war es klar, dass aus der Zuneigung eine tiefe und ernste Freundschaft geworden war. Joy war inzwischen geschieden, und ihr Mann hatte bereits wieder geheiratet. So hatte sich für Joy anscheinend alles zum Guten gewendet. Da weigerte sich die britische Einwanderungsbehörde 1956, das Besuchsvisum für Joy und ihre Söhne zu verlängern. Das bedeutete, dass sie nach Amerika zurückkehren musste, es sei denn, sie könnte die britische Staatsbürgerschaft erwerben. Eine der wenigen Möglichkeiten, britischer Bürger zu werden, besteht darin, einen Briten zu heiraten. Lewis war Brite.

Manche behaupten, Joy habe von Anfang an vorgehabt, genau dies zu tun. Wahrscheinlich aber haben sie Unrecht. Doch sie wollte unbedingt in England bleiben, und sie konnte sich kaum vorstellen, wie sie das anders erreichen sollte, als den Mann zu heiraten, der ja ohnehin schon zu ihrem besten Freund geworden war. Lewis erklärte sich einverstanden. Er rechtfertigte sich selbst mit dem Argument, es handele sich nur um eine zivile Trauung, die nur die Behörden interessiere und niemanden sonst. Wie aber sah die ganze Sache in den Augen Gottes aus? Eine Ehe gilt für das ganze

Leben, das hatte Lewis selbst geschrieben und in seinen Rundfunkvorträgen verbreitet. Einige seiner Freunde rieten ihm nun ab, doch Lewis wiederholte, was er bereits gesagt hatte, und betonte, es gebe ja keine kirchliche Trauung, und eine standesamtliche Eheschließung würde an seiner Beziehung zu Joy nichts ändern. Das war vermutlich etwas naiv, und Lewis' Freunde und alle, die ihn kannten, sind sich noch immer nicht ganz sicher, was damals wirklich vorging. Manche sagen, Joy habe Lewis gedrängt, sie nicht nur vor dem Gesetz, sondern auch mit dem Herzen zu heiraten und mit ihr zusammenzuleben. Andere sagen, die beiden hätten sich doch ständig mehr ineinander verliebt und eine wirkliche und nicht nur vor dem Gesetz vollzogene Heirat sei sowieso unausweichlich gewesen. Wie dem auch sei, am 23. April 1956 – dem Georgstag und Geburtstag von Shakespeare, wurden Joy und Lewis auf dem Oxforder Standesamt getraut.

Bald schon stand die Ehe vor einer neuen Prüfung. Joys Mietvertrag lief aus, und es wurde ihr nahe gelegt auszuziehen. Aber wo sollte sie hin? Es gab nur eine Wahl. „Alle Vorbereitungen zur Übersiedlung der Familie nach ‚The Kilns' waren getroffen, da brach das Unglück über uns herein", schrieb Warnie. Joy kam mit einem Teetablett in die Küche, als sie plötzlich stürzte. Sie spürte ein Knacken im linken Bein und bekam sofort heftige Schmerzen. Im Krankenhaus erklärte sie den Ärzten, das Bein habe ihr schon einige Zeit Beschwerden gemacht, sie habe aber gemeint, es sei Rheuma. Doch nun stellten die Ärzte fest, dass es sich nicht um Rheumatismus handelte, sondern um Krebs.

Krebsherde befanden sich auch in anderen Körperteilen, und die Ärzte machten Joy wenig Hoffnung. Da lag sie nun, schmerzerfüllt und körperlich weniger attraktiv als je zuvor, und genau in diesem Moment erkannte der einfache Jack Lewis, wie sehr er diese Joy Davidman liebte. Er sagte dazu: „Vor Jahren, als ich über mittelalterliche Liebeslyrik schrieb und deren seltsame, teilweise nur in der Phantasie bestehende ‚Religion der Liebe' schilderte, war ich so blind, dies als ein fast rein literarisches Phänomen zu betrachten. Jetzt weiß ich es besser." Als der Krebs festgestellt wurde und Lewis begriff, wie sehr er Joy liebte, war gerade die letzte der Narnia-Geschichten veröffentlicht worden. Am Schluss dieser phantastischen Geschichte hatte Lewis wie in einer Vorahnung geschrieben: „Vor ihnen war ein großes goldenes Tor. Und einen Augenblick lang wagte keines von ihnen zu versuchen, ob das Tor sich öffnen ließe … ‚Dürfen wir? Ist es recht? Kann es für uns sein?' Doch während sie noch so dastanden, ertönte von irgendwo aus dem ummauerten Garten ein mächtiges Horn, wunderbar laut und süß, und die Torflügel schwangen auf."

Joy wurde ins Churchill Hospital verlegt, und dort begann eine wahre Odyssee von Operationen und Behandlungen. Ihre Söhne siedelten nach „The Kilns" über. Lewis hatte nun beschlossen, Joy auch kirchlich zu heiraten, vor Gott und vor aller Welt. Diesmal sollte es keine Geheimnistuerei geben, sondern eine richtige Feier, wie es Sitte war. Er bat den Bischof von Oxford um die Erlaubnis, die Eheschließung innerhalb der anglikanischen Kirche durchführen zu dürfen, doch der Bischof lehnte ab. Lewis wandte ein, William Gresham sei ja bereits einmal verheiratet gewesen, bevor er Joy heiratete, und da die Ehe nach christlichem Verständnis für das ganze Leben gelte, sei Joys Ehe mit William demzufolge gar nicht gültig. Sie sei also vor ihrer Ehe mit Lewis noch gar nicht verheiratet gewesen. Der Einwand war gut überlegt, aber wohl dennoch etwas fragwürdig. Die Kirche blieb auf jeden Fall bei ihrer Haltung, dass die Wiederheirat einer geschiedenen Person Ehebruch sei und sie ein solches Verhalten nicht sanktionieren könne.

Alle, die Joy in dieser Zeit kannten, fanden sie unwiderstehlich. Warnie hatte im Blick auf die Beziehung am Anfang seine Zweifel gehabt, wohl weil er auch fürchtete, dadurch seinen Bruder zu verlieren. Doch das war natürlich nicht der Fall, und bald wurde er selbst zu einem von Joys größten Bewunderern. In sein Tagebuch schrieb er, seit sie so elend daliege, seien „ihre Tapferkeit und ihre Fröhlichkeit … vorbildlich. Sie spricht von ihrer Krankheit und dem, was sie durchmacht, als ob sie von einer Freundin erzählte."

Aber ihr Zustand wurde eher schlechter als besser. Für Lewis war dies alles nur schwer zu akzeptieren und fast unmöglich zu verstehen. Endlich hatte er die Liebe gefunden, und nun sollte sie ihm im Augenblick des größten Glücks wieder entrissen werden. Er versuchte sein und Joys Leiden mit dem Verstand zu erklären, und in einem seiner hoffnungsvollsten Momente schrieb er: „Ich spüre jetzt, dass ich alles, was noch kommen mag, einigermaßen ertragen kann." Doch er war wohl zu optimistisch, und in den langen, dunklen und einsamen Nächten sah alles noch einmal ganz anders aus. Er betete, er hoffte und träumte.

Ein wenig Erleichterung gab es, als einer von Lewis' früheren Studenten, Peter Bide, der anglikanischer Priester geworden war, „The Kilns" besuchte. Viele, die Bide kannten, glaubten, er habe die Gabe der Heilung, und er bot Lewis an, über Joy zu beten. Lewis war einverstanden. Aber konnte Bide, so fragte er, sie dann nicht auch gleich noch trauen? Die Bitte war etwas unfair, denn Bide war nur ein Priester, und immerhin hatte ein Bischof es bereits abgelehnt, die Zeremonie durchzuführen. Aber Lewis war fest entschlossen, Joy die letzte Zeit auf dieser Erde so angenehm und erträglich wie möglich zu machen. Bide erklärte später: „Es schien mir unter diesen Umständen nicht möglich, ihr die äußerlichen und sichtbaren Zeichen der Gnade zu verweigern, die sie sich so sehnlich wünschte und die eine so verzweifelte Situation zu einem guten Ende führen konnten."

Am Donnerstag, dem 21. März 1957, um elf Uhr vormittags wurden Joy und Lewis im Wingfield Hospital getraut. Joy wurde von einem Berg weißer Kissen gestützt, Warnie und eine Krankenschwester waren die Trauzeugen. Ringe wurden ausgetauscht und das Ehegelöbnis gesprochen, und Joy versuchte trotz ihrer Schmerzen zu lächeln. Father Bide legte Joy die Hände auf und betete für ihre Heilung. Alle hatten die Augen geschlossen und keiner betete in diesem Moment wohl so inständig wie Lewis.

Joy bat die Ärzte, sie doch nach „The Kilns“ heimkehren zu lassen. Wenn sie schon sterben musste, so sagte sie, dann wollte sie gern im Haus ihres Mannes sterben. Eine Woche später wurde sie entlassen, und Lewis und Warnie richteten im Wohnzimmer im Erdgeschoss für sie ein Krankenzimmer ein. Lewis wurde ihr Pfleger und kümmerte sich Tag und Nacht um sie. Aber er war mit seinen neunundfünfzig Jahren kein junger Mann mehr, und die Anstrengung und der Schmerz zehrten an ihm. Warnie war wohl eine moralische, aber nicht immer eine praktische Unterstützung. Er trank inzwischen immer öfter und war oft kaum in der Lage, auch nur einen Finger zu rühren. Dazu kamen David und Douglas, die natürlich mitbekommen hatten, dass ihre Mutter schwer krank war. Lewis wusste, wie ihnen zumute sein musste, hatte er doch vor langen Jahren, als seine eigene Mutter starb, dieselben Ängste und dieselbe Einsamkeit durchgemacht. So entstand zwischen Lewis und den Jungen ein enges Band, und als William Gresham einen völlig gefühllosen Brief an Lewis und Joy schickte und verlangte, dass die Jungen zu ihm zurückkehrten, wenn Joy starb, schrieb Lewis zurück: „Ihr Brief erreichte Joy nach einem Tag voller Schmerzen, und seine Wirkung war verheerend. Sie hatte das Gefühl, als solle ihr die einzige irdische Hoffnung, die sie noch hat, entrissen werden.“ Er schloss: „Sie haben es in der Hand, die Nöte einer Frau, die Sie einmal geliebt haben, zu lindern, statt es ihr noch schwerer zu machen. Sie haben es in der Hand, die Liebe und Achtung Ihrer Kinder eines Tages zurückzugewinnen, statt sie für immer zu verscherzen. Um Gottes willen tun Sie es; fügen Sie sich in das, was alle Beteiligten, außer Ihnen selbst, zutiefst wünschen.“ William Gresham ließ sich von dem Brief überzeugen.

Lewis mit David und Douglas Gresham in „The Kilns". Die Aufnahme stammt aus dem Jahre 1957.

Hätte er es nicht getan, hätte Lewis bis zum Ende weitergekämpft.

Kurz darauf geschah etwas Erstaunliches. Joy spürte, wie die Schmerzen in ihren Beinen etwas nachließen. Dafür begannen nun Lewis' Beine wehzutun. Er hatte so sehr für sie gebetet, und wahrscheinlich hatte er Gott auch darum gebeten, ihr Leid zu lindern und es stattdessen ihm selbst aufzuerlegen. War dies ein Wunder, war es ein Segen oder reiner Zufall? Lewis war zu erfahren und zu demütig, um eine Antwort zu wagen. Die Ärzte wollten nicht mehr sagen, als dass der Krebs nicht mehr weiter wachse, was an sich schon äußerst ungewöhnlich war. Dennoch machten sie Joy langfristig gesehen keine Hoffnung. Die Zeit verging, und Joys Knochen wurden wieder stärker, ihr allgemeiner Zustand besserte sich, und Lewis fragte sich, ob er wieder Zuversicht schöpfen könne. „Wir beide können uns ungerechtfertigter, quälender Hoffnungen nicht erwehren", schrieb er. „Kurz, ein Gefängnis ist dann am schwersten zu ertragen, wenn sich die Tür öffnet und Sonnenschein und Vogelgezwitscher eindringen."

Im Verlauf des Jahres 1957 ging es Joy immer besser. Sie konnte aufsitzen, dann Treppen steigen und schließlich gar im Garten umherlaufen. Ein Wunder? Joy schien es zu glauben. Die Liebe zwischen ihr und Lewis wuchs immer mehr, und Douglas sagte später, solange die Erde stehe, habe es nie zwei Menschen gegeben, die sich mehr geliebt hätten als Jack und Joy. Und Lewis schrieb: „Ich hätte nie gedacht, dass ich das einmal erleben würde. Ich hätte mir nicht träumen lassen, dass mir in meinen Sechzigern noch das Glück zuteil würde, das ich in den Zwanzigern verpasst habe." Joy konnte nun wieder für sich selbst sorgen und er zu seinem Schreibtisch zurückkehren. Joy selbst war seine beste Kritikerin. Sie half ihm beim Abschluss eines Buches mit dem Titel *Reflections on the Psalms* und scheute sich nie, ihrem Mann unumwunden zu sagen, was sie über seine Arbeiten dachte. Joy war kein Weichling. Warnie berichtet in seinem Tagebuch von einem Zwischenfall, der sich noch zu Beginn ihrer Bekanntschaft während einer Mahlzeit im Magdalen College in Oxford ereignete. „Gibt es in diesem Mönchskloster auch irgendwo eine Damentoilette?", hatte sie damals gefragt. Die Männer, mit denen sie zusammen war, waren ebenso beeindruckt wie verblüfft.

Joy begann nun auch, sich um den Haushalt und die Finanzen zu kümmern. Lewis war in Geldangelegen-

Joy vor „The Kilns" – manche hätten wohl gesagt, sie stehe „Wache". Immerhin trieb sie Eindringlinge einmal mit einer Schrotflinte in die Flucht.

Lewis, ganz rechts, mit seinem Vater, Warnie und ein paar Freunden am Strand. Ferien, so sagte er immer, seien ganz besondere Zeiten, die man auch mit besonderen Menschen verbringen solle. Zwei seiner größten Reisen unternahm er mit Joy kurz nach ihrer Hochzeit.

heiten völlig unbekümmert und litt in diesem Bereich unter notorischer Vergesslichkeit. Oft wusste er nicht einmal, dass ihm die Verleger noch größere Summen schuldeten oder dass sein Bankkonto voll war und nicht leer. Joy sorgte nun dafür, dass er sich nicht nur ausgewogen ernährte, sondern auch die finanzielle Situation ins Lot gebracht wurde. Sie half ihm, seine Papiere zu ordnen, diskutierte alles mit ihm durch und ließ ihm keine unausgegorenen Meinungen oder unbegründeten Argumente durchgehen. Sie fing auch an aufzuräumen. Das Haus der Brüder Lewis war bei einigen Freunden als „The Midden“ bekannt, das ist ein altenglisches Wort für „Misthaufen“. Lewis hatte sich nicht an zerschlissenen Teppichen oder schlampig aufgehängten Vorhängen gestört. Ja, wenn seinen Freunden in den Räumen in Oxford die Zigarrenasche herunterfiel, dann hatte er darauf bestanden, dass sie sie mit dem Absatz in den Teppich rieben, anstatt sie wegzuwischen. Doch nun war es in „The Kilns“ gemütlicher als je zuvor.

Manche von Lewis' Freunden waren skeptisch. Sie störten sich daran, dass eine Frau in das Leben dieses großen Mannes eingedrungen war. Er hatte nun nicht mehr so viel Zeit, um die Nacht mit ihnen im Pub durchzudiskutieren oder mit Universitätskollegen zu stundenlangen Spaziergängen aufzubrechen. Sie übersahen dabei aber, dass Lewis selbst es so wollte und in seinem ganzen Leben noch nie so glücklich gewesen war. Außerdem hielt Joy ihn durchaus nicht davon ab, sich mit seinen Freunden zu treffen, und wer das meinte, der hatte sich einfach nicht die Mühe gemacht, Joy oder Lewis zu verstehen.

Im Juli 1958 brach Lewis mit seiner Frau zu einer verspäteten Hochzeitsreise nach Wales und weiter nach Irland auf. Sie flogen zum ersten Mal im Leben, und obwohl sie zunächst etwas ängstlich waren, genossen sie den Flug. Sie wanderten über Berge und Täler, sie redeten und lachten und freuten sich an jedem Augenblick. Konnte das Leben überhaupt noch schöner werden?

Schöner vielleicht nicht, aber auf jeden Fall schlimmer. Im Oktober 1959 ging Joy zu einer Routineuntersuchung und zum Röntgen ins Krankenhaus. Der Krebs war zurückgekommen!

Die Krankheit breitete sich nun immer schneller im ganzen Körper aus. Es folgten mehr Gebete, mehr Tränen, mehr Schmerzen. Lewis war entschlossen, Joys Glück nicht durch das neue Entsetzen trüben zu lassen. Trotz Joys schlechtem Zustand wollten sie nach Griechenland reisen. Man schmiedete Ferienpläne, aber ob man sie auch durchführen konnte? Überall in Joys Körper waren Metastasen entstanden, und sie litt unter ständigen Schmerzen. Die Ärzte rieten ihnen, nicht ins Ausland zu reisen, doch Joy ließ sich nicht davon abbringen. „Lieber mitten aus dem Glück herausgerissen werden, als noch lange jämmerlich dahinsiechen“, sagte sie. „Am liebsten auf den Stufen des Parthenon!“ Anfang 1960 brachen sie auf. Joy schaffte es besser, als man hätte erwarten können. Sie besuchten Mykene und Athen. Zwar musste sie immer wieder einige Zeit im Bett verbringen und konnte kaum laufen, dazwischen aber versuchten sie die Ferienzeit so gut wie möglich auszunutzen. „Joy wusste, dass sie bald sterben würde; ich wusste, dass sie bald sterben würde; und sie wusste, dass ich es wusste“, sagte

Die Reise nach Griechenland im April 1960 mit dem Besuch des Parthenon wurde trotz Joys angeschlagener Gesundheit für beide zu einem unvergesslichen Erlebnis. Drei Monate später starb Joy.

Lewis später. „Doch als wir die Schafhirten in den Bergen auf ihren Flöten spielen hörten, schien das ganz gleichgültig zu sein.“

Zurück in Oxford war von den Flöten der Schafhirten nichts mehr zu hören. Stattdessen stand der Tod wieder vor der Tür. Es folgten Operationen, lange Krankenhausaufenthalte, dazwischen immer wieder Erholungszeiten zu Hause in „The Kilns“. Aber Joys Zustand wurde zusehends schlechter, die Krankheit erfasste nach und nach alle Glieder und Organe. Am 12. Juli sah Joy ein bisschen besser aus, und sie führte ein langes, ernstes Gespräch mit ihrem Mann. „Wenn du kannst – wenn du darfst –, komm zu mir, wenn ich einmal im Sterben liege“, bat Lewis. „Wenn ich darf!“, erwiderte sie. „Der Himmel hätte allerhand zu tun, wenn er mich halten wollte; und was die Hölle angeht, die würde ich zu Kleinholz machen.“ Am nächsten Morgen hörte Warnie furchtbare Schreie und fand Joy auf dem Fußboden liegen und in großen Schmerzen. Sie wurde sofort ins Krankenhaus gebracht, wo die Ärzte noch einmal versuchten, ihr Leiden zu lindern. Doch es war nur noch eine Frage von Stunden. Der Tag verstrich. Sie erhielt die letzte Absolution. Schließlich, der Abend war schon vorgerückt, verschied Joy Lewis. Bevor sie starb, wandte sie sich ihrem Mann zu und sagte schlicht: „Du hast mich glücklich gemacht.“ Und dann: „Ich habe Frieden mit Gott.“ Um Viertel nach zehn war alles vorbei.

Clive Staples Lewis, der einfache Jack, war Anfang sechzig und Witwer. Und wahrscheinlich war er auch der unglücklichste Mensch auf der ganzen Erde.

KAPITEL 6

Aus dem Schattenreich

Noch immer empfinde ich die Trauer wie Angst. Genauer vielleicht wie ein Hangen und Bangen. Wie ein Warten: wie ein Sich-herum-Drücken, bis vielleicht irgend etwas geschieht. Es macht das Leben zu einem dauernden Provisorium. Es lohnt sich nicht, irgend etwas anzufangen. Ich finde keine Ruhe. Ich gähne, ich bin zappelig, ich rauche zuviel. Bisher hatte ich immer zuwenig Zeit. Jetzt gibt es nichts als Zeit. Fast reine Zeit, leeres Nacheinander.

ÜBER DIE TRAUER

Es war das erste Mal, dass Lewis einen natürlichen Tod miterlebt hatte. Er hatte gesehen, wie Männer im Krieg starben, blutig und verwundet, nie aber hatte er mit ansehen müssen, wie ein Mensch langsam vom Tod dahingerafft wurde. Er stand zunächst wie unter Schock. Auf der Heimfahrt vom Krankenhaus war er wie betäubt und fassungslos. In „The Kilns" wartete Warnie. „Gott gebe ihrer Seele Frieden", schrieb dieser. „Sie fehlt mir in einem Maße, wie ich es nie für möglich gehalten hätte." Douglas war aus der Schule nach Hause gerufen worden. Er kam herein und sah Lewis. „Oh, Jack!", sagte er und brach in Tränen aus. Lewis ging auf ihn zu und schloss den Jungen in die Arme. So standen sie eine Weile eng umschlungen mitten im Raum.

Am Montag, dem 18. Juli, war Joys Beerdigung. Der Gottesdienst im Krematorium von Headington war still und sehr schlicht. Von Lewis' Freunden waren nur wenige gekommen. Lewis war psychisch und physisch völlig erschöpft, und wenn Joys Name erwähnt wurde, begann er zu weinen. Einige waren davon überrascht. Sie meinten wohl, er sei so etwas wie ein gottgleiches Wesen und immun gegen einen so gewöhnlichen Kummer. Hätten sie Lewis besser gekannt, dann hätten sie gewusst, dass er selbst nie so von sich gedacht hatte – er war ein ganz normaler Mensch, der nun einmal eher

Joys Grab. „Vielleicht bin ich schon bald rasch nacheinander Bräutigam und Witwer", schrieb Lewis an eine alte Freundin. „Es könnte wirklich eine Hochzeit am Totenbett werden."

zufällig mit einer außergewöhnlichen Begabung zum Schreiben gesegnet war. „Leib und Seele schreien: ‚Komm zurück, komm zurück' … aber ich weiß, dass das unmöglich ist. Ich weiß, dass ich das, was ich begehre, nie mehr bekommen kann. Das frühere Leben, die Scherze, das gemeinsame Glas Bier, die Diskussionen, die Zärtlichkeiten …"

Und auch der Glaube konnte den Schmerz nicht lindern. Er glaubte noch immer und hatte nie aufgehört zu glauben, aber er war auch noch nie so geprüft worden. Was ihn am meisten schmerzte, das war die Erkenntnis, dass er sich nicht mehr genau an Joys Gesicht erinnern konnte und auch kein gutes Foto von ihr hatte. Er war wütend und enttäuscht. Warum konnte er sich ihr Aussehen nicht ins Gedächtnis zurückrufen, warum half ihm das Beten nicht, warum war die Tür so fest verschlossen? Er begann mit seinem logischen Verstand, das Problem zu untersuchen, und kam zu einer schrecklichen Erkenntnis. Gott existierte, so viel stand fest, aber was, wenn Gott böse war und die Menschen nur Ratten, die Gott, der oberste Wissenschaftler, für seine Experimente im Labor benutzte?

In typischer Lewis-Manier beschloss er, sich die Zweifel und Fragen von der Seele zu schreiben. Er füllte vier Schulhefte mit seinen Gedanken, untersuchte seine Fragen und seinen Kummer von allen Seiten. Ganz langsam sah er wieder Licht. „Allmählich ist in mir das Gefühl gewachsen, dass die Tür nicht mehr verschlossen und verriegelt ist. War es meine eigene verzweifelte Not, die sie mir ins Gesicht zuschlug? Gerade dann, wenn nichts in unserer Seele Platz hat als ein einziger Schrei um Hilfe, kann Gott sie vielleicht nicht gewähren: man gleicht dem Ertrinkenden, dem nicht zu helfen ist, weil er sich anklammert und festhält. Vielleicht machen dich deine eigenen ständig wiederholten Schreie taub für die Stimme, die du zu hören hoffst." Mit anderen Worten, Lewis kämpfte und leistete Widerstand, anstatt einfach still zu sitzen und Gott um Hilfe zu bitten, wie Joy es getan hatte, als William Gresham sie verließ und in ihrem Schmerz allein ließ. Bald erkannte er, dass er sich Joy näher fühlte, je weniger er um sie trauerte, als hätte seine Verzweiflung sie ausgesperrt. Aber dann, als er am wenigsten damit rechnete, konnte er sich wieder an ihr Gesicht erinnern, so lebendig und nah, als stünde sie neben ihm, würde lachen und sich mit ihm über Literatur oder das Bier oder Gott unterhalten. Joy, die Freude, war zurückgekommen.

Lewis schrieb sein Erleben nach dem Tod seiner Frau in einem der wohl bemerkenswertesten Bücher nieder, das wohl je zu diesem Thema verfasst wurde. Es handelt sich um ein verhältnismäßig dünnes Büchlein mit dem Titel *A Grief Observed* (dt. *Über die Trauer*), das zunächst unter Pseudonym und erst nach seinem Tod unter seinem eigenen Namen veröffentlicht wurde. Joy wird darin nur als H. erwähnt. Es ist, als hätte er seine Gefühle der tiefen Trauer und des Verlusts auf Kassette gesprochen und lasse sie nun zum Nutzen des Hörers noch einmal ablaufen. Eine solche Klarheit der Gedanken in einer solch schrecklichen Zeit ist an sich schon äußerst selten zu finden. Dazu kam nun noch seine ungewöhnliche Weisheit. Was er nach Joys Tod empfand, schildert er zum Beispiel folgendermaßen:

> Zu anderen Zeiten habe ich das Gefühl leichter Benommenheit. Zwischen mir und der Welt steht eine unsichtbare Wand. Es fällt mir schwer zu verstehen, was die Leute sagen; oder vielleicht es verstehen zu wollen. Es ist so belanglos. Und doch will ich Menschen um mich haben. Ich scheue den Augenblick, wo das Haus leer steht. Wenn sie bloß untereinander reden wollten und nicht mit mir.
>
> Es gibt – völlig unerwartet – Augenblicke, da mich etwas in mir zu beschwichtigen sucht: dass es mir eigentlich nicht so viel ausmache, nicht so sehr viel. Im Leben eines Mannes gebe es noch anderes als Liebe. Ich sei auch schon glücklich gewesen, ehe ich H. überhaupt gekannt habe. Mir stünden ja mancherlei „Tröstungen" zu Gebot, auf die ich zurückgreifen könne. Andere Leute seien über dergleichen auch schon hinweggekommen. Nur Mut, so schlimm wird's nicht werden. – Man schämt sich, dieser Stimme sein Ohr zu leihen; aber eine Weile tönt sie recht vernünftig. Dann kommt ein plötzlicher Stich rot glühender Erinnerung – und die ganze „gesunde Überlegung" verschwindet wie eine Ameise in der Mündung eines Schmelzofens.

Wie präzis ist Lewis und wie gut kann er die Gefühle beschreiben, die schon so mancher erlebt hat. Er spricht dann weiter über seine Erfahrung und schildert, wie er mit dem Tod seiner Frau fertig wird und es lernt, sein Leben ohne die Frau, die er so sehr lieben gelernt hatte, zu gestalten. Es ist ein sehr mutiges Buch, in dem er seine tiefsten Gefühle offenbart.

* * *

Doch auch in den zurückliegenden Jahren, den glücklichen Zeiten mit Joy, hatte Lewis geschrieben. So hatte er den ersten und einzigen Band seiner Autobiographie *Surprised by Joy* (dt. *Überrascht von Freude*) abgeschlossen und veröffentlicht. Er berichtet darin von seiner Kindheit, von Schule und Universität und seinem Glauben. Lewis schrieb das Buch, als er Joy noch nicht sonderlich gut kannte, und der Titel ist nicht als Anspielung auf seine Frau zu verstehen. Ein weiteres wichtiges Buch, das in jener Zeit entstand, trägt den Titel *The Four Loves* (dt. *Was man Liebe nennt*). Es handelt sich dabei ursprünglich um eine Reihe von Radiosendungen, die Lewis über die vier verschiedenen Arten der Liebe hielt, die seiner Meinung nach den Menschen ausmachen. Lewis beklagte, dass der moderne Mensch nur an die erotische Liebe glaube, und hielt dem entgegen, dass es noch viele andere Formen der Liebe gebe, die wir kennen und zu verstehen suchen sollten. Das Buch besticht durch die gewohnte Lewis'sche Klarheit und seine Fähigkeit, problemlos zum Kern der Wahrheit vorzustoßen. Das Buch enthält auch einige recht amüsante Passagen, die an die *Dienstanweisung für einen Unterteufel* erinnern. Frau Ohneruh zum Beispiel wird folgendermaßen geschildert:

> Sie war auch immer mit irgendwelchen Handarbeiten beschäftigt. Nach ihrem eigenen Urteil (ich selber habe keins) war sie eine vorzügliche Hobbyschneiderin und -strickerin. Und selbstverständlich wollte man kein herzloser Rohling sein und musste die Sachen tragen. (Der Pfarrer hat mir erzählt, dass seit dem Tod dieser Frau die Familie mehr Material zu seinen Wohltätigkeitsbazaren beigesteuert hätte als alle übrigen Gemeindeglieder zusammen.) Frau Ohneruh bestand darauf, sich für die Ihren „die Finger bis auf die Knochen zu schinden", wie sie oft sagte. Es gab kein Halten. Und da ihre Angehörigen anständige Leute waren, konnten sie auch nicht einfach stillsitzen und ihr dabei zusehen. Sie

mussten helfen. Der Pfarrer sagt, Frau Ohneruh habe jetzt Ruhe gefunden. Hoffen wir es. Ganz sicher hat es ihre Familie.

Es finden sich auch andere interessante und oft erhellende Kommentare, wie zum Beispiel: „Wenn die Liebe zum Gott wird, wird sie zum Dämon", oder: „Lieben heißt verletzlich sein. Liebe irgend etwas, und es wird wehtun oder dir gar das Herz brechen." Das Buch kam jedoch nicht so gut an, wie Lewis gehofft hatte, und auch seine Sendungen zum selben Thema wurden nicht überall ausgestrahlt, so wie er es eigentlich erwartet hatte. Es ist eine der seltsamen Fügungen, dass Lewis heute weit populärer und bedeutender ist als noch zu seinen Lebzeiten. Einige seiner Bücher für Erwachsene liefen zu seinen Lebzeiten sogar äußerst schlecht, und das machte ihm sehr zu schaffen, besonders nach Joys Tod, in der Zeit seiner Einsamkeit.

Sein Leben verlief nun wieder in fast denselben Bahnen wie früher, ehe er Joy kannte. Viele seiner Freunde gingen inzwischen ihre eigenen Wege, und während des Trimesters hielt er sich in Cambridge auf anstatt in Oxford. Aber er unternahm noch immer seine Spaziergänge, er las und betete wie früher. „Sag deine Gebete früh am Morgen im Garten, ignoriere konsequent den Tau, die Vögel und die Blumen, und du wirst von seiner Frische und Freude überwältigt sein." Und er arbeitete wieder so hart wie vorher. Doch der Funke war aus seinen Vorträgen verschwunden, seinen Radiosendungen fehlte die persönliche Note, die in der Vergangenheit so viele Menschen angesprochen hatte. Manche Freunde sagten, er baue ab. Vielleicht hatten sie Recht.

Aus jenen Jahren gibt es einige faszinierende Berichte. George Sayer, einer seiner Freunde, fuhr Lewis eines Tages nach Cambridge. Unterwegs hielten sie an und wanderten durch einen Park. Lewis zögerte zunächst, weil am Tor ein Schild hing, es handele sich um ein Privatgrundstück. Sayer meinte, sie würden kein Gesetz übertreten, solange sie keinen Schaden anrichteten. Die beiden Männer gingen weiter und tranken die Schönheit der englischen Landschaft tief in sich hinein. Bald fanden sie sich auf einer einsamen Lichtung wieder, umgeben von einem Rudel Hirsche. Sie ließen sich auf einem Baumstumpf nieder, und Lewis war überwältigt von der Schönheit. Kleine Tiere tanzten umher, während Lewis ihnen zusah. „Weißt du“, sagte er, „als ich die Narnia-Bücher schrieb, hätte ich mir nie etwas so Schönes vorstellen können. Das ist ja pure weiße Magie.“

Mit seiner Gesundheit ging es auf und ab, verschiedene innere Krankheiten fesselten ihn immer wieder ans Bett. Warnie trank noch immer zu viel und war dem Bruder nur eine begrenzte Hilfe. Doch noch immer trafen in

Warnie (Mitte) mit Mollie und Len Miller, einem Ehepaar, das den Lewis' treu ergeben war. Sie sorgten nach Jacks Tod für Warnie.

„The Kilns" und auch in Cambridge Hunderte von Briefen ein, und Lewis war viel zu gewissenhaft, um sie nicht zu beantworten. Er stellte einen Sekretär ein, einen jungen Amerikaner namens Walter Hooper. Nach Lewis' Tod ließ Hooper sich zum Priester weihen. Er ist inzwischen zu einer Autorität in Sachen Lewis geworden, den er damals in Oxford kennen lernte. Wie Joy hatte Hooper zunächst nur schriftlichen Kontakt, bevor die beiden Männer sich persönlich begegneten. Lewis hatte schon bald eine so hohe Meinung von dem jungen Mann, dass er begann, sich regelmäßig mit ihm zu treffen, dreimal in der Woche – montags im Pub „The Lamb and Flag", donnerstags in „The Kilns", am Sonntag besuchten sie gemeinsam den Gottesdienst. Lewis machte Hooper sogar das Frühstück, ganz traditionell mit Schinken, Eiern, Würstchen und Toast oder Scones mit Butter.

Lewis weigerte sich hartnäckig, sich den Weisungen seiner Ärzte zu fügen. Er sollte nicht zu viel Fett oder Eiweiß zu sich nehmen. Doch selbst nach dem Beginn seiner Krankheit änderte er seinen Speiseplan kaum, sondern freute sich nach wie vor an Fleisch, Eiern, Käse und süßen Desserts. Nach einem ausgedehnten Mittagessen schlief er gewöhnlich bis gegen vier Uhr, dann gab es eine Tasse Tee, um die Lebensgeister wieder zu wecken. Bis zum Dinner schrieb und las er; nach dem Nachtessen entspannte er sich mit einem Buch bis etwa gegen zehn Uhr, dann ging er zu Bett. Zu einem typischen Tag gehörte für Lewis auch jede Menge Tabak, als Zigarette oder in der Pfeife. Es ist darum wirklich kein Wunder, dass sein gesundheitlicher Zustand sich nicht verbesserte.

Sein letztes Buch trägt den Titel *Letters to Malcolm: Chiefly on Prayer* (dt. *Du fragst mich, wie ich bete*). Es handelt sich dabei um eine Reihe von Briefen

Lewis im August 1963 in einem seiner Lieblingssessel mit einem Buch in der Hand. Vermutlich das letzte Foto, das von ihm aufgenommen wurde. „Wenn man nur etwas mehr Zeit zum Lesen hätte: Entweder werden wir seicht und oberflächlich oder wir beschränken uns und gehen in die Tiefe."

an einen fiktiven Bekannten, dem er die Bedeutung und die Wirklichkeit des Gebets erklärt. „Wir müssen vor Ihn bringen, was in uns ist, nicht was in uns sein sollte", schreibt er. „Wenn wir vollkommen wären, wäre das Gebet keine Pflicht, sondern eine Freude. Eines Tages, so Gott will, wird es das sein." Er schrieb noch immer Essays, und einige andere Bücher wurden nach seinem Tod veröffentlicht, im Großen und Ganzen war seine Schriftstellerkarriere aber vorüber. Er wusste, dass er nicht mehr lange zu leben hatte, und gab die Stelle in Cambridge auf, damit er den Rest seines Lebens in „The Kilns" verbringen konnte.

Die Gesundheit machte ihm nun ständig zu schaffen, und kurz darauf wurde er ins Acland Nursing Home eingeliefert. Dort erlitt er einen Herzanfall, fiel ins Koma und erhielt die letzte Ölung, ein Sakrament, das man Sterbenden gibt. Zum Erstaunen seiner Freunde wie auch der Ärzte und Krankenschwestern richtete er sich aber kurz danach im Bett auf und fragte, warum alle so besorgte Gesichter machten. Er blieb noch drei Wochen im Krankenhaus. Man stellte eine Niereninfektion und eine Blutvergiftung fest. Dann durfte er nach „The Kilns" zurückkehren, wo ihm im Erdgeschoss ein Zimmer zurechtgemacht wurde, genauso wie damals für Joy.

Junge und alte Freunde kamen ihn besuchen, als ob sie spürten, dass es die letzte Gelegenheit sei, noch

Maureen Moore, die Tochter von Mrs Moore, heiratete in den Adel und wurde zu Lady Dunbar. Sie blieb Lewis zeitlebens treu verbunden.

Lewis' Grab auf dem Friedhof der Holy Trinity Church in Headington bei Oxford.

einmal mit ihm zu reden. Er wirke zufrieden, sagten sie, und das war er auch. Am Abend des 21. November 1963 beantwortete er einen Brief, den er von Philip, einem seiner jugendlichen Bewunderer, erhalten hatte: „Darf ich dir zunächst einmal zu dem bemerkenswert guten Brief gratulieren, den du geschrieben hast; ich hätte ihn in deinem Alter gewiss nicht so schreiben können. Und weiter, danke, dass du mir schreibst, dass du meine Bücher magst; so etwas hört ein Autor immer gern. Es ist schon komisch, dass alle Kinder, die mir geschrieben haben, sofort erkennen, wer Aslan ist, die Erwachsenen aber nie! … Bitte sag deinem Vater und deiner Mutter, wie froh ich bin zu hören, dass sie meine ernsthaften Bücher nützlich finden." Mit einem Lächeln unterschrieb er den Brief und schrieb die Anschrift auf den Umschlag – Briefe wie dieser bereiteten ihm immer besondere Freude. Als auch das getan war, ging er zu Bett.

Er sollte nichts mehr schreiben. Er hatte sich schon seit einiger Zeit unwohl und müde gefühlt, und den ganzen nächsten Tag war er schwach und

unruhig. Warnie schlug ihm vor, sich doch hinzulegen, und Lewis erklärte sich widerstrebend einverstanden. Warnie brachte ihm eine Tasse Tee und fand ihn zufrieden, stellte aber fest, dass er sehr schläfrig war und eine schwere Zunge hatte. „Um halb sechs hörte ich ein Gepolter in seinem Schlafzimmer. Ich eilte hin und fand ihn neben dem Bett liegen", schrieb Warnie. „Etwa drei oder vier Minuten danach hörte er auf zu atmen. Der kommende Freitag wäre sein fünfundsechzigster Geburtstag gewesen."

Am selben Tag wurde in Dallas Präsident Kennedy ermordet, und in Kalifornien starb Aldous Huxley. Aus diesem Grund zog der Tod eines der größten Schriftsteller Englands weniger Aufmerksamkeit auf sich, als es wohl sonst der Fall gewesen wäre. Lewis hätte das bestimmt gefallen. Die Trauerfeier war schlicht und einfach. Es war ein kalter, aber sonniger Tag, und auf Lewis' Sarg flackerte eine einsame Kerze. Warnie war nicht dabei; er war zu verstört, um sein Bett zu verlassen. Die meisten der Anwesenden empfanden Trauer, doch gerade das war eigentlich nicht nötig. Hatte nicht Lewis immer wieder darüber geschrieben, war er nicht immer wieder dafür eingetreten, dass das, was kommt, viel größer ist als das, was wir hier kennen? Er dachte nicht nur, dass dies so sei, er glaubte es nicht nur, nein, er wusste, dass es so ist. Und überdies war er nun auch mit Joy vereinigt. „Der Himmel hätte allerhand zu tun, wenn er mich halten wollte; und was die Hölle angeht, die würde ich zu Kleinholz machen." Was Aslan betrifft, so sagten manche, sie hätten ihn den ganzen Tag brüllen hören, von Oxford bis an die Enden der Erde.

Lewis am Schreibtisch in seinem Arbeitszimmer. Seine Schriften haben bis heute nichts von ihrer Bedeutung und Ausstrahlungskraft verloren.

Zeittafel

1898 geboren am 29. November in Belfast, Irland.

1905 Die Familie zieht nach Little Lea.

1908 Im August stirbt die Mutter an Krebs. Im September wird Lewis ins Internat nach Wynyard House in England geschickt.

1910 Rückkehr nach Irland. Schulbesuch im nahe gelegenen Campbell College.

1911 Zurück nach England ins Internat der Cherbourg School in Malvern.

1913 Wechsel ins Malvern College, genannt „The Coll“.

1914 Beginn des Privatunterrichts bei William Kirkpatrick, einem Freund der Familie. Ausbruch des Ersten Weltkriegs.

1916 Lewis entdeckt ein Buch (*Phantastes*) seines späteren Vorbilds George MacDonald. Er besteht die Stipendiatsprüfung für Oxford und wird vom University College angenommen.

1917 Meldet sich als Freiwilliger bei der englischen Armee. Lernt Paddy Moore und dessen Mutter, Mrs Janie Moore, kennen. Wird nach Frankreich an die Front geschickt.

1918 Im März Verwundung an Arm, Gesicht und Bein. Zur Genesung nach Hause geschickt. Am 11. November wird der Waffenstillstand unterzeichnet.

1919 Unter dem Pseudonym Clive Hamilton erscheint sein erstes Werk *Spirits in Bondage.* Zieht mit Mrs Moore und deren Tochter Maureen zusammen und setzt sein Studium in Oxford fort.

1925 Erhält eine Fellowship für englische Sprache am Magdalen College in Oxford. Erste Begegnung mit J.R.R.Tolkien.

1926 Veröffentlichung von *Dymer* unter dem Pseudonym Clive Hamilton.

1929 Beginn der erneuten Zuwendung zum Christentum, ein Wendepunkt in Lewis' Leben. Tod des Vaters im September.

1933 Veröffentlichung von *A Pilgrim's Regress.*

1935 Begegnung mit Charles Williams.

1936 Veröffentlichung von *The Allegory of Love.*

1938 Veröffentlichung von *Out of the Silent Planet.*

1939 Tritt den „Inklings" bei. Veröffentlichung von *Rehabilitations and Other Essays* und *The Personal Heresy.* Ausbruch des Zweiten Weltkriegs.

1940 Veröffentlichung von *The Problem of Pain.*

1941 Beginn der ungemein populären Vortragsreihe bei Radio BBC. Mithilfe bei der Gründung des „Socratic Club" in Oxford.

1942 Veröffentlichung von *The Screwtape Letters, A Preface to Paradise Lost* und *Broadcast Talks.*

1943 Veröffentlichung von *Christian Behaviour, Perelandra* und *The Abolition of Man.*

1944 Veröffentlichung von *Beyond Personality.*

1945 Ende des Zweiten Weltkriegs. Tod von Charles Williams. Lewis veröffentlicht *That Hideous Strength* und *Die große Scheidung.*

1947 Veröffentlichung von *Miracles.*

1948 Erfährt bei einer Debatte im „Socratic Club" durch Elizabeth Anscombe eine empfindliche Niederlage.

1949 Veröffentlichung von *Transposition and Other Addresses.*

1950 Erster Brief von Joy Davidman. Veröffentlichung von *The Lion, the Witch and the Wardrobe.*

1951 Im Januar Tod von Mrs Moore. Veröffentlichung von *Prince Caspian.*

1952 Veröffentlichung von *Mere Christianity* und *The Voyage of the Dawn Treader.* Joy verbringt die Weihnachtstage in „The Kilns".

1953 Veröffentlichung von *The Silver Chair.* Scheidung von Joy und William Gresham. Joy übersiedelt mit David und Douglas nach England.

1954 Veröffentlichung von *The Horse and His Boy* und *English Literature in the Sixteenth Century Excluding Drama.*

1955 Erhält eine Professur für Literatur des Mittelalters und der Renaissance am Magdalene College in Cambridge. Veröffentlichung von *The Magician's Nephew* und *Surprised by Joy.*

1956 Am 23. April Ziviltrauung mit Joy Davidman auf dem Oxforder Standesamt. Veröffentlichung von *The Last Battle* und *Till We Have Faces.* Bei Joy wird Krebs festgestellt.

1957 Am 21. März kirchliche Trauung im Wingfield Hospital. Joys Zustand beginnt sich zu verbessern.

1958 Hochzeitsreise mit Joy nach Wales und Irland. Veröffentlichung von *Reflections on the Psalms.*

1959 Joys Zustand verschlimmert sich. Der Krebs breitet sich immer rascher aus.

1960 Gemeinsame Reise nach Griechenland. Joy stirbt am 13. Juli. Veröffentlichung von *The Four Loves, Studies in Words* und *The World's Last Night and Other Essays.*

1961 Veröffentlichung von *A Grief Observed* und *An Experiment in Criticism.*

1962 Veröffentlichung von *They Asked for a Paper: Papers and Addresses.*

1963 Am 22. November, dem Tag, an dem Präsident Kennedy ermordet wird und Aldous Huxley stirbt, stirbt Lewis in „The Kilns".

1964 Postume Veröffentlichung von *Letters to Malcolm: Chiefly on Prayer.*

Quellenhinweise

Der Anfang

Lewis' Kindheit wird in zwei sehr guten Biographien dargestellt: *C.S. Lewis: A Biography* (Collins, 1974) von Roger Lancelyn Green und Walter Hooper und *Jack: C.S. Lewis and His Times* (Harper & Row, 1988) von George Sayer. Alle Verfasser haben Lewis noch persönlich gekannt. Selbstverständlich geht nichts über Lewis' eigene Schilderungen, deshalb ist die Lektüre von *Surprised by Joy* (Geoffrey Bles, 1955), dt: *Überrascht von Freude* (Brunnen, 1994) unbedingt zu empfehlen.

Von Träumen und Türmen

Von 1922 bis 1927 führte Lewis ein Tagebuch, das unter dem Titel *All My Road Before Me* (Collins, 1991) veröffentlicht wurde. Auch William Griffin, *Clive Staples Lewis: A Dramatic Life* (Harper & Row, 1986) und A.N. Wilson, *C.S. Lewis: A Biography* (Collins, 1990) gehen ausführlich auf diese Zeit ein.

Freunde, Götter und Dämonen

Auch Lewis' Bruder Warnie führte ein Tagebuch mit dem Titel *Brothers and Friends: The Diaries of Major Warren Hamilton Lewis* (Ballantine, 1982). Er kannte Lewis so gut, wie es nur einem Bruder möglich ist. Humphrey Carpenter schrieb in *The Inklings* (Allen & Unwin, 1979) über Lewis und seine Freunde.

Narnia

Die besten Informationen über Narnia findet man natürlich in den Narnia-Büchern selbst, die alle auch auf Deutsch erschienen sind. Das Buch *Past Watchful Dragons: The Narnian Chronicles of C.S. Lewis* (Fount, 1980) von Lewis' Freund Walter Hooper gibt einen hilfreichen Überblick über die Narnia-Geschichten.

Und Freude kam in mein Leben

Joys Sohn Douglas Gresham schrieb über seine Mutter und seinen Stiefvater in *Lenten Lands* (Macmillan, 1988). In den letzten Jahren wurde die faszinierende Liebesgeschichte vor allem durch das Buch von Brian Sibley *Shadowlands: The Story of C.S. Lewis and Joy Davidman* (Hodder, 1985) bekannt, das auf deutsch unter dem Titel *Späte Liebe* (Brunnen, 1997) erschien. Das Buch ist auch Grundlage für einen Film mit Anthony Hopkins in der Hauptrolle als Jack Lewis. Der Film ist nicht ganz originalgetreu, aber dennoch sehr bewegend.

Aus dem Schattenreich

Lewis' späte Jahre werden von allen Biographen sehr ausführlich behandelt. Einen Eindruck von seinem Verhalten, seiner Art zu reden und seinem Denken findet man auch in *C.S. Lewis at the Breakfast Table and Other Reminiscences* von James T. Como (Collins, 1980). Als Nachschlagewerk und zur gelegentlichen Lektüre empfiehlt sich dem englischsprachigen Leser auch *The Quotable Lewis* (Tyndale House, 1989), eine Sammlung von Lewis-Zitaten von Wayne Martindale und Jerry Root.

Bücher von C. S. Lewis

Das Erscheinungsjahr der englischen Originalausgabe wird in Klammern angegeben.

Erzählende Literatur

Flucht aus Puritanien (1933)
Dienstanweisung für einen Unterteufel (1942)
Die große Scheidung (1945)
Du selbst bist die Antwort (1956)

Die Chroniken von Narnia:

Das Wunder von Narnia (1955)
Der König von Narnia (1950)
Der Ritt nach Narnia (1954)
Prinz Kaspian (1951)
Die Reise auf der Morgenröte (1952)
Der silberne Sessel (1953)
Der letzte Kampf (1956)

Die Perelandra-Trilogie:

Jenseits des schweigenden Sterns (1938)
Perelandra (1943)
Die böse Macht (1945)

Essays und Monografien

Über den Schmerz (1940)
Die Abschaffung des Menschen (1943)
Wunder. Denkbar – unwahrscheinlich – unmöglich? (1947)
Pardon, ich bin Christ. Meine Argumente für den Glauben. (1952)
Überrascht von Freude (Autobiografie) (1955)
Das Gespräch mit Gott. Meine Gedanken zu den Psalmen. (1958)
Was man Liebe nennt (1960)
Über die Trauer (1961)
Du fragst mich, wie ich bete (1964)
Gott auf der Anklagebank (Essaysammlung)
Gültiges und Endgültiges (Essaysammlung)
Der innere Ring (Essaysammlung)
Die letzte Nacht der Welt (Essaysammlung)
Was der Laie blökt (Essaysammlung)

Bücher über C. S. Lewis

Bramlett, Perry C.: *C. S. Lewis – Leben aus der Mitte. Vom geistlichen Leben des meistgelesenen christlichen Autors unserer Zeit.* Gießen 1996

Kranz, Gisbert: *Studien zu C. S. Lewis.* Lüdenscheid 1983

Rendel, Christian: *C. S. Lewis. R. Brockhaus Bildbiographie.* Wuppertal 1991

Sibley, Brian: *Späte Liebe. Ein Geschenk des Augenblicks. C. S. Lewis und Joy Davidman.* Gießen ²1997

Vanauken, Sheldon: *Eine harte Gnade. Die Geschichte einer großen Liebe.* Gießen ⁹1996

Bildnachweis

S. 4 Canapress/Paul Schwarzmann; S. 10 Canapress; S. 20 Canapress/Jon Blau; S. 22 Canapress; S. 28 Canapress; S. 29 Canapress; S. 29 Canapress/Bill Brandt; S. 53 © 1947 TIME INC. mit freundlicher Genehmigung; S. 57 UPI/Bettmann; S. 67 The Osborne Collection of Early Children's Books, Toronto Public Library/HarperCollins Publishers Limited; S. 71 aus dem *Dictionary of Imaginary Places*, © 1980 Lester & Orpen Dennys Limited; S. 72 Canapress; S. 74-75 aus *From the Land of Narnia* von Brian Sibley, © 1989 HarperCollins Publishers Limited; S. 77 The Osborne Collection of Early Children's Books, Toronto Public Library/HarperCollins Publishers Limited; S. 81 © C.S: Lewis Pte Ltd, mit freundlicher Erlaubnis von Curtis Brown, London und The Osborne Collection of Early Children's Books, Toronto Public Library; S. 84 Canapress; S. 95 Canapress/Jon Blau ; S. 107 Canapress.

Alle anderen Fotografien mit freundlicher Erlaubnis des Marion E. Wade Center am Wheaton College, Illinois.

Stichwortverzeichnis

Anmerkung: Kursiv gedruckte Seitenzahlen beziehen sich auf Fotos.